経済学を歩く

―いまを知るために―

髙橋 真 著

税務経理協会

はしがき

　経済学は私たちの日常生活と密接にかかわっている学問であるのに，多くの人々にとって経済学は身近なところにはないようである。また，多くの人々が経済や経済学に関心を持っていながらも，それと同時に多くの人々が「経済学は難しい」という印象を持っている。経済を「われわれ人間が欲する財（商品やサービス）を生産して消費するまでの過程とそこにかかわる人間の関係」と定義するならば，それを学問の対象とする経済学はわれわれ人間にとって最も近い距離にあってもよいのではないか。

　「経済学の祖」といわれるアダム・スミスが『諸国民の富（国富論）』(1776年) を著して以来，経済学は約230年の歴史を持っている。この間，アルフレッド・マーシャルやソースティン・ヴェブレンやジョン・M・ケインズなどに代表される多くの経済学者と彼らの構築した経済理論が経済学という知を形づくってきている。毎年10月は，スウェーデン王立科学アカデミーによってノーベル賞受賞者が発表される。今年（2008年）は，アメリカのプリンストン大学教授のポール・クルーグマンがノーベル経済学賞を受賞した。社会科学系の学問分野では，経済学だけがノーベル賞の受賞対象になっている。経済学の理論体系は整然としており，一般化とその応用が可能であるが故に，経済学は「社会科学の女王」と称されるのである。

　それほど評価の高い学問であり，しかも多くの人々の生活に深くかかわっている学問である経済学が，より多くの人々の身近なところに居場所を持つことができないとするならば，それは経済学にとって不幸なことかもしれない。

　人と人との付き合い方の中で，第一印象がそれ以後の付き合い方を大きく左右するように，経済学に関しても最初に手にする書物が読者にどのような印象を与えるかが，それ以後の経済学関連書を手にするかどうかを大きく左右する

ことはいうまでもない。特に何らかのきっかけや動機づけによってすでに経済学を学ぶという意志をかためている経済学部学生とは異なり，一般の人々や経済学部以外の学生にとって，初めて経済学を学ぶこと，あるいは初めて経済(学)書を手にとること自体が，それ以降さらに経済学を学びまたは経済(学)書を手にとるという選択をするかどうかの，大きな分かれ道となる。

　本書は，経済学に関する概説書という性格を持っている。特に，本書は経済や経済学に関心を持ちつつも一歩踏み出すことに躊躇している人々に対して，なんとか経済学に親しんでもらえるように，という思いを持って書かれている。

　「経済学とは何か」という問いに対して「経済学者の数だけある」と答えたのは，イギリスの経済学者ジョーン・ロビンソンだったと記憶している。ロビンソンの答えが問いに対して的を得ているかどうかは別にしても，経済学がそれほど多くの経済学者の知恵を集めたものであることは確かである。

　本書のタイトルが『経済学を歩く』となっているのは，経済学がさまざまな経済理論や経済思想の集まりであることを読者に知ってもらうとともに，それらをひとつひとつ理解し確認しながら，読者に経済学の全体像をつかんでもらうことを意図しているからである。また，副題を「いまを知るために」としたのは，経済学を知ることで，今，自分がおかれている経済社会の状況を理解するための手助けになることを願ってのことである。

　もちろん，本書によって筆者の意図が十分かなえられるものとなっているかどうかの評価は，読者に委ねる以外にない。

　タイトルの『経済学を歩く』にあるように，本書は経済学という小径を歩き始めると，あたかも目の前に森や草原などが現れるように，経済学のそれぞれの理論分野や経済学の諸項目が概観できるようになっている。

　本書の構成は，以下のとおりである。

　第1章「経済学の小径へ－経済学への招待－」では，経済学の定義や経済の語源，また基本的な経済用語の解説，さらには経済学の歴史の全体像が説明されている。

　第2章「経済学の森－市場経済の理論－」では，自由競争を基本とする市場

経済の基礎理論としての市場機構の働きが説明されている。また，家計の消費行動と企業の生産者行動の理論が解説されている。

　第3章「経済学の泉－国民経済と経済変動の理論－」では，国民経済という考え方とその指標，また不況やインフレーションなどの経済変動の内容が説明されている。さらに，ケインズの国民所得決定の理論が平易に解説されている。

　第4章「経済学の丘－市場経済の限界－」では，市場機構が機能しない例としての市場の失敗について，個々の具体的な事例を使って解説されている。これは，市場経済に対する政府介入の必要性を正当化する理論的な説明となっている。

　第5章「経済学の草原－経済政策の理論－」では，経済問題に対する政府の経済政策活動に関して，その目的や手段といった基本事項が解説されている。また，経済安定化政策についてはケインズ理論の応用として説明されている。さらに，現実の経済政策の議論の中で登場した経済学的には特異な政策理論についても解説されている。

　第6章「経済学の谷－政府活動の限界－」では，民主主義の政治制度を経済学の手法で分析する公共選択論の研究成果を具体的に紹介してある。これらの理論は，最近の規制緩和や小さな政府に関する政治や経済の動向と関連しているという意味で，読者には興味深いものがあると思われる。

　第7章「経済学の新しい眺め－制度の経済学－」では，経済学がこれまで理論前提としてきた制度に関する経済学の新たな取り組みが解説されている。そこでは，アメリカ制度主義経済学と新しい制度経済学という2つの新しい経済学が紹介され，比較検討がなされている。これまでの経済学とは異なる視点や考え方を持つ経済学として，独自の地位を確立しつつある新たな経済学を知るという意味でも興味深い章である。

　なお，本書では，各章のはじめに≪いぬ時のコラム≫を設けている。「いぬ時」というのは，犬の散歩に適した時間帯（特に，夕方）をさす言葉として愛犬家の間で広く使われている言葉である。この時間帯は犬どうしだけでなく，散歩を通して犬の飼い主たちがコミュニケーションをとる時間帯でもある。「い

ぬ時」の時間帯で交わされる飼い主どうしの会話の中からさまざまな情報が得られるのである。本書では，この≪いぬ時のコラム≫を通して，ごく日常的な行いという気分の中で，気軽に経済学の世界に入ってきてもらい，本書から経済学に関する情報を得てもらうことを意図している。このコラムでは，3匹の犬が登場する。ビーグルの「マロン」（メス）とミニチュア・ダックスフントの「くりのすけ」（ブラックタン，オス）と同じくミニチュア・ダックスフントの「うらら」（レッド，メス）の3匹である。この3匹の犬たちが繰り広げる楽しい会話の中に，その章で扱う経済学の内容が含まれており，会話文中の下線部の語句がその章で扱われる内容を示している。この≪いぬ時のコラム≫だけを先に読みすすめていただいても，本書の意図は十分に伝わるものと思われる。

　本書は，私にとって『制度主義の経済学』（税務経理協会刊）に続く，2冊目の単著である。現在，私が大学で担当している経済学の授業科目を受講している学生たちは，経済学を専門に学ぶために入学してきた経済学部の学生ではなく，ひとつの教養として，あるいはそれぞれの専門分野に向かうための素地づくりのひとつとして，経済学を位置づけている学生である。また，大学が主催する公開講座で講師を務めた際に，その講座に参加された多くの社会人は，社会教養として経済学を身につけたいという希望を持っていた。このような学生や社会人の方々との関わりの中で，本書が具体化されていったという経緯がある。その意味で，本書はそのような多くの学生や社会人と私との思いによって生み出されたものといえる。これまで，私と関わってきてくれた学生と社会人の方々に感謝したいと思う。

　また，本書に示された内容は，これまで私が経済学を学ぶ過程で培われたものであり，多くの諸先生方のご指導によるものである。本書の執筆は，私にとって「難しいことをわかりやすく説明できることが，本当にわかっていることになる」という東北学院大学名誉教授・赤澤昭三先生の言葉をあらためて実感する機会となった。永年にわたりご指導いただいた赤澤昭三先生に感謝申し上げる。また，さまざまな機会に，的確な表現で説明することの大切さを教えていただいた東北学院大学教授・関谷登先生に感謝申し上げる。さらに，研究

はしがき

　を通じて20年間，遠い福岡から私と妻そしてわが家の3匹の犬たちをいつも気遣い，励ましてくださっている九州産業大学教授・佐々野謙治先生と俊江夫人とのご縁に感謝申し上げる。

　本書の出版予定が決まって以降の数か月間，執筆のための最良の環境を整えてくれた妻・純子の協力と愛情に感謝する。

　最後に，出版事情が厳しい中にあって≪いぬ時のコラム≫をはじめ筆者のわがままともいえる希望を快く受け入れて，本書の出版をお引き受けいただいた税務経理協会，ならびに前著に引き続き完成まで細かな点までご配慮いただいた税務経理協会・峯村英治氏にあらためて感謝申し上げる。

平成20年10月8日
　　　高齢になりながらも，懸命に生きている3匹の犬たちの幸せを願って
　　　　　　　　　　　　　　　　　　　　　　　　　　　　　髙橋　真

〔追記〕
　本書を，平成21年1月21日に永眠した最愛のマロンに捧げる。
　　　　　　　　　　　　　　　　　　　　　　　　　　　　　合　掌

目　次

はしがき

第1章　経済学の小径へ──経済学への招待──

🐾 いぬ時のコラム①
第1節　経済学を学ぶ……………………………………………………5
第2節　経済学の基礎概念………………………………………………9
第3節　経済学の歴史概観………………………………………………14

第2章　経済学の森──市場経済の理論──

🐾 いぬ時のコラム②
第1節　市場機構の働き…………………………………………………23
第2節　家計の消費行動…………………………………………………30
第3節　企業の生産活動…………………………………………………40

第3章　経済学の泉──国民経済と経済変動の理論──

🐾 いぬ時のコラム③
第1節　国民経済の考え方………………………………………………53
第2節　経済の変動………………………………………………………54
第3節　インフレーションと失業の関係………………………………65
第4節　国民所得決定の理論……………………………………………67

第4章　経済学の丘──市場経済の限界──

🐾 **いぬ時のコラム④**

第1節　不完全市場………………………………………………73
第2節　外 部 効 果………………………………………………79
第3節　公　共　財………………………………………………83
第4節　公 益 事 業………………………………………………85
第5節　情報の非対称性…………………………………………88
第6節　市場の失敗と政府の介入………………………………89

第5章　経済学の草原──経済政策の理論──

🐾 **いぬ時のコラム⑤**

第1節　経済政策論とその方法…………………………………93
第2節　経済政策の主体と目的…………………………………95
第3節　経済政策の手段…………………………………………97
第4節　経済安定化政策…………………………………………103
第5節　特異な経済政策の議論…………………………………106

第6章　経済学の谷──政府活動の限界──

🐾 **いぬ時のコラム⑥**

第1節　民主主義と政治の失敗 …………………………………113
第2節　投票のパラドックス ……………………………………114
第3節　中位投票者定理 …………………………………………116
第4節　政治的景気循環 …………………………………………118
第5節　レント・シーキング ……………………………………120
第6節　公共部門のX非効率 ……………………………………121

目　次

第7章　経済学の新しい眺め──制度の経済学──

🐾 いぬ時のコラム⑦
第1節　制度と経済学 …………………………………………125
第2節　アメリカ制度主義経済学 ………………………………127
第3節　新しい制度経済学 ………………………………………136

事 項 索 引 ……………………………………………………………141
人 名 索 引 ……………………………………………………………145

経済学を歩く
―― いまを知るために ――

髙橋　真著

第1章　経済学の小径へ
―― 経済学への招待 ――

≪いぬ時のコラム①≫

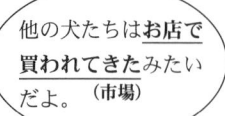

くりのすけ:「他の犬たちは**お店で買われてきたみたい**だよ。(市場)」

マロン:「私たちは、獣医さんのところからこの家に来たのね。」

うらら:「ショーケースに入れるなんて、失礼ね！」

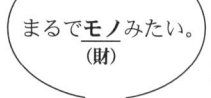

マロン:「まるで**モノ**みたい。(財)」

うらら:「犬は「飼う」ものなのに、「買う」になっているのね。」

くりのすけ:「ぼくは、命あるものは**市場**にはなじまないと思うよ。**経済学**はどう考えるのかな？」

≪キーワード≫ 市場，財，経済学
第1節(2)，(3)，第2節(1)で扱う。

第1節　経済学を学ぶ

(1) 機会費用で考える

　経済学（Economics）とは，どのような学問であろうか。この問いに対するひとつの答えは，人間の行動に関するひとつのものの見方であるということである。

　ここでは，「**機会費用**」（opportunity cost）という経済学特有の考え方を使って，人間の行動を分析していく。「**機会費用**」とは，**ある資源や時間を別の目的に使用したときに得られる利益で，その選択をしなかったことで失う（犠牲にした）利益の大きさ**をいう。

　例えば，私たちは1時間をお気に入りの音楽を聴きながら，和菓子とお茶を楽しむという選択的行動をとったと仮定しよう。この場合，1時間音楽を聴きながらお茶を楽しむことで，すがすがしい気分になれ，また疲れを癒すことができる。お気に入りの音楽を聴きながら，和菓子とお茶を楽しむという行動は，そのような利益（便益）を私たちに与えてくれる。

　ところで，私たちが1時間音楽を聴き，お茶を楽しむという行動は，1時間という時間でできるそれ以外のすべての行動（例えば，働いて給料を得る，あるいはスポーツをして汗を流す，あるいは静かな部屋で読書をする，という行動など）を犠牲にしたことを意味することになる。

　音楽を聴きお茶を楽しむ代わりに1時間働くという行動を選択した場合に1,000円の給料が支払われると仮定すると，1時間働くことをしないで音楽を聴きお茶を楽しむことは，働いていれば得られたであろう1,000円の給料を失ったこと（犠牲にしていること）を意味する。これが，1時間音楽を聴きお茶を楽しんだことに対する「機会費用」ということになる。

　私たちが1時間音楽を聴きお茶を楽しむという行動を選択することは，すなわち，1時間音楽を聴きお茶を楽しむことの価値は，1時間働いて得られるで

【図表１−１】　機 会 費 用

≪選択した行動≫
○１時間気に入った音楽を聴き，お茶を楽しむ

≪機会費用≫
×１時間読書をする
×１時間働いて給料をもらう
×１時間ドライブをする
×１時間スポーツ観戦をする
×１時間睡眠をとる

○選択した行動
×犠牲にした行動

あろう1,000円よりも価値があると判断したと解釈することができる。このような考え方は，経済学に特有な考え方のひとつということができる。

　もちろん，このような考え方が成立するためには，いくつかの前提条件が必要である。例えば，個人個人の人間は，何の規制や制約を受けることなく，自由に意思表示を行い，自由に行動することが可能でなければならない。また，個人は私的な財産の所有が保証されている必要がある。

　経済学はひとつのものの見方であるが，その見方が成立するためには，明示されていない前提条件を意識しておく必要がある。

(2)　経済の語源

　次に，「**経済**」という言葉の語源についてみていくことにする。「経済」の語源は，中国の古典『抱朴子(ホウボクシ)』の記述にある**「経世済民」**または**「経国済民」**とされている。「経」とは織物の縦糸のことで，「秩序の維持」を意味する。「済」とは「水位または水量の調整」のことである。したがって，「経世済民」（または「経国済民」）とは，国家や社会の秩序を維持して，困窮している人びとを救済し，生活水準を引き上げるという政治の責任を示す言葉といえる。明治時代以降に，「経世済民」（または「経国済民」）の言葉は，「経済」となり定着したといわれる。

　他方，英語で「経済」を表すeconomyの語源はギリシャ語の*oikos-*

nomos（オイコス・ノモス）である。その意味は，「家計の維持・管理」または「家政」である。現在，「**経済学**」を表す英語は economics であるが，この言葉は19世紀後半に活躍したイギリスの新古典派経済学者**アルフレッド・マーシャル** (Alfred Marshall) が彼の著書『**経済学原理**』(*The Principle of Economics*：1890年) で使用して以降定着したといわれている。マーシャル以前の時代（例えば，アダム・スミスやJ・S・ミルなどの時代）には，「経済学」を表す言葉としては，political economy（日本語に直訳すると，「政治経済」）が用いられていた。この political economy は，家政になぞらえて社会や国全体の経済を運営する方法を研究することを意味していたのである[i]。

(3) 経済学の定義

経済学者は，経済学をどのような学問であると考えているのであろうか。ここでは，数人の経済学者による経済学の定義についてみていく。

20世紀における最も有力な経済学者でノーベル賞経済学者の**ポール・A・サミュエルソン** (Paul A. Samuelson) は，

「経済学とは，ひとびとないしは社会が，貨幣の媒介による場合，よらない場合いずれをも含めて，いくつかの代替的用途をもつ稀少性のある生産資源を使い，さまざまな商品を生産して，それらを現在および将来の消費のために社会のいろいろなひとびとや集団のあいだに配分するうえで，どのような選択的行動をすることになるか，ということについての研究である。それはまた，資源配分の態様を改善するにあたっての費用と便益を分析する。」[ii]
と述べている。

さらに，近年最も有力な経済学者のひとりで，サミュエルソンと同様にノーベル賞経済学者で，1993年から1997年までアメリカのビル・クリントン大統領政権時の大統領経済諮問委員会（ＣＥＡ）委員長を務め，さらに1997年から1999年まで世界銀行上級副総裁兼チーフエコノミストを務めた**ジョセフ・E・スティグリッツ** (Joseph E. Stiglitz) は，選択と希少性が経済学で重要な役割を

演じると述べたうえで経済学の扱う基本問題として以下の4つを示している[iii]。
1　何がどれだけ生産されるのか
2　これらの財はどのように生産されるのか
3　これらの財は，だれのために生産されるのか
4　だれが経済的決定を行うのか，またどのような過程を経て行うのか

さらに，スティグリッツと同様に，最も有力な経済学者のひとりと評され，2003年から2005年までアメリカのジョージ・ブッシュ大統領政権時の大統領経済諮問委員会（CEA）委員長を務めた**N・グレゴリー・マンキュー**（N. Gregory Mankiw）は，

「経済学とは，社会がその希少な資源をいかに管理するかを研究する学問である。」[iv]

と述べている。

彼らの経済学に関する見解を整理すると，経済学とは経済主体が生産から消費の過程で希少な資源をいかに配分するかを研究する学問であり，その選択的行動に関わる学問ということになる。前述した経済学者たちの立場は，一般的には**「標準的な経済学」**（standard economics）[v]または「教科書経済学」といわれている。

これに対して，この標準的な見解とは異なり，経済学の対象をより広く定義する見解がある。この見解は，本書の第7章で扱う**「アメリカ制度主義経済学」**の立場にあたる見解である。

アメリカ制度主義経済学者**アラン・G・グルーチー**（Allan G. Gruchy）は，経済学を次のように定義している。

経済学とは，「私的な目的や公共の目的に照らして，個人や集団による希少な物的な財貨やサービスの創出と処分に関わる文化的な諸関係の変化の諸類型を研究することである。」[vi]

グルーチーの見解は，前述した「標準的な経済学」の対象範囲をさらに拡大し，生産から消費の過程に関係する文化的諸関係の変化にまでその範囲を拡大

するものである。これは，人間の経済行動がその人間の経済生活の基盤となる制度や文化とは切り離せないという認識によっている。この点は，以下で紹介する経済学の方法論とも関係する。

第2節　経済学の基礎概念

(1) 経済人と経済主体

先に，経済学は人間行動に関するひとつのものの見方であると述べた。では，経済学に登場する人間とは，どのような人間であろうか。経済学では，**経済人**（economic man）[vii]という自分自身の利益（満足）を最大限に追求する**合理的な選択的行動をとる人間**が想定されている。この想定は，消費者行動や生産者行動の理論に反映されている。

ところで，経済学は通常，**経済**（economy）を研究対象とする学問であるといわれる。この場合，経済とは人間の活動の物質的側面をさす言葉であり，より具体的には**「財」**（goods）や**「サービス」**（service）**の生産→流通・交換→分配→消費の一連の流れとその過程に関わる人間の社会的関係**をさす言葉である。

経済学では，一般に**人間の欲望を満たすものを「財」または「財貨」**（以下では「財」と表現する）と呼ぶ。この「財」をさらに細かく分類すると，自動車やパンなど有形のものを**「財」**と呼び，クリーニングや理容・美容など無形のものを**「サービス」**と呼ぶ。レストランで出される飲み物や食事は「財」であり，そのレストランの従業員の丁寧な接客態度やレストランで流れている心和むような音楽は「サービス」ということになる。

≪いぬ時のコラム①≫に関して，命あるものの市場取引について，経済学では命の有無にかかわらず財として扱うので犬は市場取引の対象となる。ただし，コンパニオン・アニマルを市場取引に委ねるかどうかについて，経済学は新しい答えを用意する必要がある。

経済学では，生産や消費といった経済行動の主体を次のように規定している。

生産を行う主体を「**企業**」（または生産者），消費を行う主体を「**家計**」（または消費者）と規定し，それらの経済主体は自己の利益（満足）を最大限に追求する合理的な選択的行動をとるものと規定される。ここに，「経済人」の姿が反映されている。これ以外には，財政や公共サービスの活動を行う主体としての**政府**が登場する。

ただし，経済の基本領域は**市場経済**であり，その中心は「企業」と「家計」との市場取引であり，政府活動はあくまで例外的存在として扱われている（この政府活動の部門は，「公共経済」という）。

企業は家計に対して財やサービスを提供し，家計から提供される労働に対する対価としての賃金を支払う。他方，家計は企業に対して労働を提供し，企業から提供される財・サービスの対価としての代金を支払う。そして家計や企業

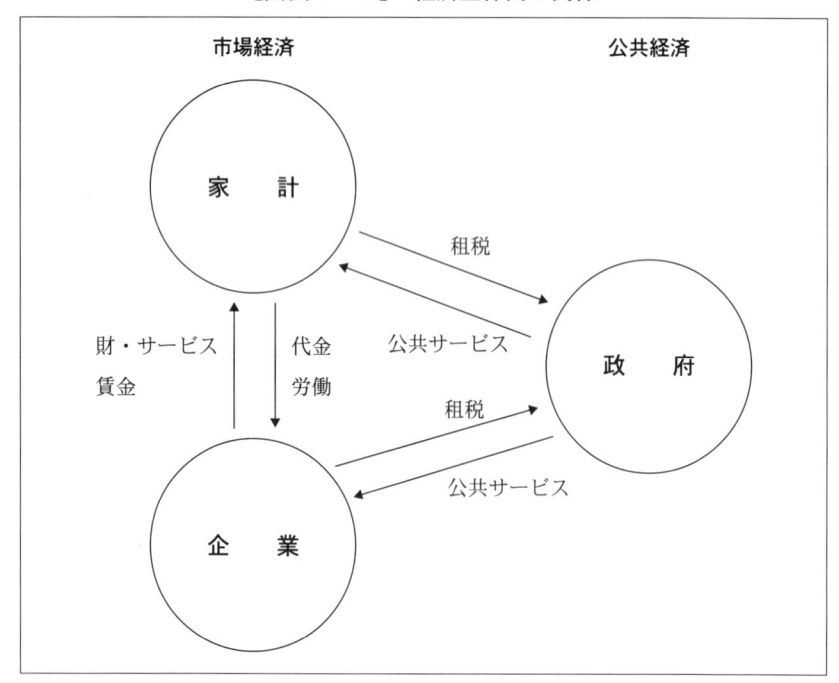

【図表１－２】　経済主体間の関係

と政府との関係は，政府はこの企業と家計に対して公共サービスを提供し，企業と家計から租税を徴収する。この関係を示したものが【図表1－2】である。

(2) 生産要素

先に，生産の主体を企業と呼んだ。では，生産に必要なものは何であろうか。それは，**土地** (land) と**労働** (labor) と**資本** (capital) である。農業を含め，財やサービスの生産活動にとってその基盤となるのが土地である。また，生産活動には原料を調達し，機械を導入するための資金や工場や設備などが必要である。これが資本である。さらに，人間の働きかけとしての労働がなければ，財やサービスの生産は不可能である。この土地，労働，そして資本を「**生産要素**」または「**生産の三要素**」と呼ぶ。

そして，これら生産要素の担い手として，土地は**地主**が，労働は**労働者**が，資本は**資本家または株主**がその役割を果たす。さらに，これらの生産要素から生み出される所得や報酬として，土地からは**地代**や**賃貸料（レント）**が，労働からは**賃金**が，そして資本からは**利子**や**配当**が生み出される。これらの内容を整理したものが【図表1－3】である。

【図表1－3】 生産要素

生産要素	担い手	報酬
土　地	地　主	地代，賃貸料
労　働	労働者	賃　金
資　本	資本家，株主	利子，配当

(3) 経済学の方法

経済学には特有の研究方法がある。ひとつは，①**実証的方法**と**規範的方法**で

あり，もうひとつは②**方法論的個人主義**と**方法論的全体論**である。これらは経済学研究における経済に対する認識の違いや研究分野による違いとなっている。

① 実証的方法と規範的方法

はじめに，**実証的方法** (positive method) と**規範的方法** (normative method) についてみていく。

実証的方法とは，経済の現状や動きに関する客観的で経験的な事実やデータを分析して一般的な原理を導き出すことや，経済事象の原因と結果の関係を分析する（因果分析）ことである。これは客観的な事実に関する理解についての判断を伴うので，「**事実判断**」とも呼ばれる。経済学分野では，経済学原理（論）や計量経済学や経済史などがこの方法を採用している。

これに対して，**規範的方法**とはどのような経済状態が望ましい経済状態（経済的理想）であるのか，またその望ましい経済状態を達成するためにどのような手段が必要なのか，などに関わる研究のことである。この方法では，主観的要素や倫理観がその研究に入ってくることになる。経済の状態が「望ましい」あるいは「好ましい」（またはその逆）といった判断は，「**価値判断**」(value judgment) と呼ばれる。経済学分野では，経済政策論がこの方法を採用している。

この2つの方法のポイントを整理したものが【図表1－4】である。

【図表1－4】 実証的方法と規範的方法

実証的方法（実証経済学）	規範的方法（規範経済学）
事実判断（〜である）	価値判断（〜であるべき）
経済学原理，経済史，計量経済学	経済政策論

② 方法論的個人主義と方法論的全体論

次に，**方法論的個人主義** (methodological individualism) と**方法論的全体論** (methodological holism) についてみていく。

方法論的個人主義（または方法論的個別主義） とは，経済活動全体を理解するためにはその究極単位である個人の経済行動を分析して，そこで得られた推論から経済活動全体の説明・理解が可能であるというものである。全体を構成する要素の一部をとり出し，その行動・性格を分析することで全体がみえてくるという研究方法である。例えば，個人としての消費者の行動を分析することで，その行動の合計としての社会全体の消費行動がみえてくるという考え方に立っている。

さらに，経済活動は人間の社会的・文化的活動の一部であるが，経済活動はそれ自体，社会や文化活動とは異なる独立したものであり，経済活動はそれ以外の要素から何ら影響を受けないという考え方に立っている。第2章で扱う市場経済の理論はこの方法から導き出されている。

他方，**方法論的全体論**とは，経済活動は人間の社会的・文化的活動の一部であり，経済活動と社会的・文化的活動とを分かつことはできず，それらは相互依存の関係または相互連関の関係にあるというものである。また，経済という全体は個々の部分からなる単なる集合体（合計されたもの）ではなく，あらかじめまとまりを持った統一体として存在するという見方である。したがって，経済活動は常に社会的・文化的活動との関連性の中で捉えられることになる。この点は，第7章で扱う「アメリカ制度主義経済学」に関連する。

(4) 経済学の諸分野

次に，経済学の代表的な分野についてみていく。ひとつは経済学の基礎的理論的分野であり，①**ミクロ経済学**(microeconomics)と②**マクロ経済学**(macroeconomics) とに大別される。そして，経済学理論の応用分野（応用経済学）としては，③**経済政策論** (economic policy) がある。以下，それぞれ簡単に説明する。

① ミクロ経済学（微視的経済学）

前述した企業や家計といった経済主体の合理的な経済行動を前提として，ある財・サービス市場での経済行動を分析する経済分野。

② マクロ経済学(巨視的経済学)

インフレーションや国内総生産(GDP)の伸びなどの国民経済全体の経済変動を分析する経済学分野。

③ 経済政策論(応用経済学のひとつ)

さまざまな経済問題を解決するために,政府が行う政策の策定や実施や効果などに関する分析や研究を行う経済学分野。

第3節　経済学の歴史概観

(1) 古典派経済学の誕生

経済学の誕生は,18世紀イギリスにさかのぼる。イギリスのグラスゴー大学の**アダム・スミス**(Adam Smith)は「**経済学の祖**」といわれ,彼の主著は『**諸国民の富(国富論)**』(*The Inquiry into the Nature and Causes of the Wealth of Nations*, 1776)である。スミスは,一国の豊かさは人びとの日常的生活に不可欠な生活必需品や便益品の生産を拡大することであり,そのためには生産的労働の比率を高め,労働生産性[viii]を向上させることが必要であると説いた。そのために,スミスは**社会的分業**が望ましいと考えた。また,スミスは自己利益を求める個人の自由な経済活動が結果的に社会全体の利益につながると考え,**経済的な自由**の確保を強調した。

スミスと同様に**自由貿易論**を展開したのが,**デイビット・リカード**(David Ricard)である。彼は,各国が生産する生産物の中で単位あたり費用(投下労働量)が相対的に安くすむ生産物(これを比較優位にある生産物という)に各国が生産を特化して,お互いにそれら生産物の交換(貿易)を行うことが各国全体にとってさらなる利益を生むという,**比較生産費説**を説いた。

また,将来的には人類の経済社会は食料不足という深刻な事態に陥ると説いたのが,**トーマス・R・マルサス**(Thomas R. Malthus)である。彼は,人口は1, 2, 4, 8, 16, 32, ……と幾何級数的に増加していくのに対して,食料

の生産は1, 2, 3, 4, 5, 6, ……と算術級数的にしか増加しない。そのため，将来的には**食料不足という危機**が起こると考えられ，晩婚などの道徳的な人口の抑制を主張した。彼らは，**古典学派** (classical school) という経済学グループに属するとされる。

(2) 新古典派経済学の確立

19世紀に入ると，**希少性** (scarcity) や**限界的** (marginal) といった概念が経済学に導入され，市場における価格分析の理論が確立することになる。オーストリアのウィーン大学の**カール・メンガー** (Carl Menger)やスイスのローザンヌ大学の**レオン・ワルラス** (Leon Walras)，そしてイギリスの**ウィリアム・S・ジェヴォンズ** (William. S. Jevons) の3人は，同時期に「**限界効用の理論**」を提唱した。その後，イギリスのケンブリッジ大学の**アルフレッド・マーシャル** (Alfred Marshall) の業績が加わり，**新古典学派** (neo-classical school) という新しい経済学グループの誕生となる。マーシャルの主著『**経済学原理**』(*The Principle of Economics*, 1890) は今日のミクロ経済学を確立した代表的著作である。この経済学グループの基本的な考え方が，第2章で扱う市場経済の理論である。

ところで，本章第1節で述べたように，マーシャル以前まで，経済学を表す英語は political economy であったが，マーシャル以後経済学は economics になったのである。

(3) ケインズ経済学の登場

1930年代に入り，経済学は新しい段階に入る。1929年アメリカでの株価暴落に端を発した世界恐慌（大恐慌）による企業倒産と大量失業の発生は，これまでの経済学では説明困難な，または解決困難な出来事であった。イギリスのケンブリッジ大学の**ジョン・メイナード・ケインズ** (John Maynard Keynes) は，不況や失業の問題を自由競争的市場で解決することは困難であると考えた。そこで，ケインズは**有効需要** (effective demand) の概念[ix]や**国民経済**（国民所

得)という新しい枠組みを導入して,政府による積極的な経済介入を図ること(総需要管理政策の展開)によって問題解決の方向性を示した。彼の主著『**雇用・利子および貨幣の一般理論**』(*The General Theory of Employment, Interest and Money,* 1936)は一躍脚光を浴びるとともに,彼の経済学は「**ケインズ経済学**」(Keynesian Economics)と呼ばれるようになった。この理論内容は,今日のマクロ経済学の分野に属する。

(4) 標準的経済学としての新古典派総合

第2次世界大戦後,経済学における主流は**ポール・A・サミュエルソン**(Paul A. Samuelson)流の「**新古典派総合**」(neoclassical synthesis)の経済学が中心的な役割を担ってきた。それは,自由競争を基本とした市場経済理論に重きをおきながらも,失業や不況のときはケインズの総需要管理政策によって経済を管理・運営しようという新古典派経済学とケインズ経済学との折衷経済学であり,「**主流派経済学**」(mainstream economics)として知られている。今日の標準的な経済学である。

この「主流派経済学」が教えるところによれば,自由競争的な市場においては価格の自動調整作用が機能し,多くの経済問題が市場機構を通じて解決される。また,不況や失業などのマクロ経済問題はケインズ主義的な総需要管理政策を政府が適切に実施することによって解決可能であるという。

(5) 異端のアメリカ制度主義経済学(制度学派)

古典学派や新古典学派といった経済学の主流のグループとは一線を画してきたアメリカの経済学グループがある。それは,「**アメリカ制度主義経済学**」(American institutional economics)である。19世紀末から20世紀初頭にかけて,**ソースティン・ヴェブレン**(Thorstein Veblen)や**ジョン・R・コモンズ**(John R. Commons)らによって確立したこの経済学グループは,経済合理性の仮定を排除し,経済的基盤である制度と経済行動との関係を重視し,現実の資本主義経済システムの分析や経済行動と制度や文化との関わりを考察するな

第 1 章　経済学の小径へ

ど，独自の経済理論を展開した。アメリカのハーバード大学名誉教授であった**ジョン・K・ガルブレイス**（John K. Galbraith）は，この経済学グループの最も著名な経済学者のひとりである。このグループについては，第 7 章で詳しく説明する。

(6)　ケインズ批判の新自由主義

　ケインズ経済学が政府の積極的経済介入を主張するのに対して，古典派的な自由競争こそが望ましい経済成果をもたらすと考え，政府による積極的な経済介入を否定する経済学グループとして「**新自由主義**」（neo-liberalism）がある。このグループの最も代表的な経済学者として，アメリカのシカゴ大学名誉教授であった**ミルトン・フリードマン**（Milton Friedman）がいる。彼は個人の自由な経済行動を基本とする自由競争こそが望ましいと考え，ケインズ的な積極的財政政策の推進を否定する。唯一政府が採り得る手段は，貨幣供給量の調節（金融政策）であり，経済の基本は自由競争市場に委ねるべきであると考える。このような考え方は，今日の規制緩和や民営化の推進に見られる「**小さな政府**」論の基本理念となっている。

　新自由主義と同様に，ケインズ的な積極的財政政策の推進を否定する一方で，規制緩和や行政改革を支持する経済学グループとしては，**ジェームス・M・ブキャナン**（James M. Buchanan）らの「**公共選択**」（public choice）がある。このグループは，経済学が前提とする合理性などの基本概念を用いて**民主主義的政治の分析**を行う新しい経済学グループである。

　これらの経済学の流れを示したものが，【図表 1 - 5】である。

【図表1-5】 経済学の流れ

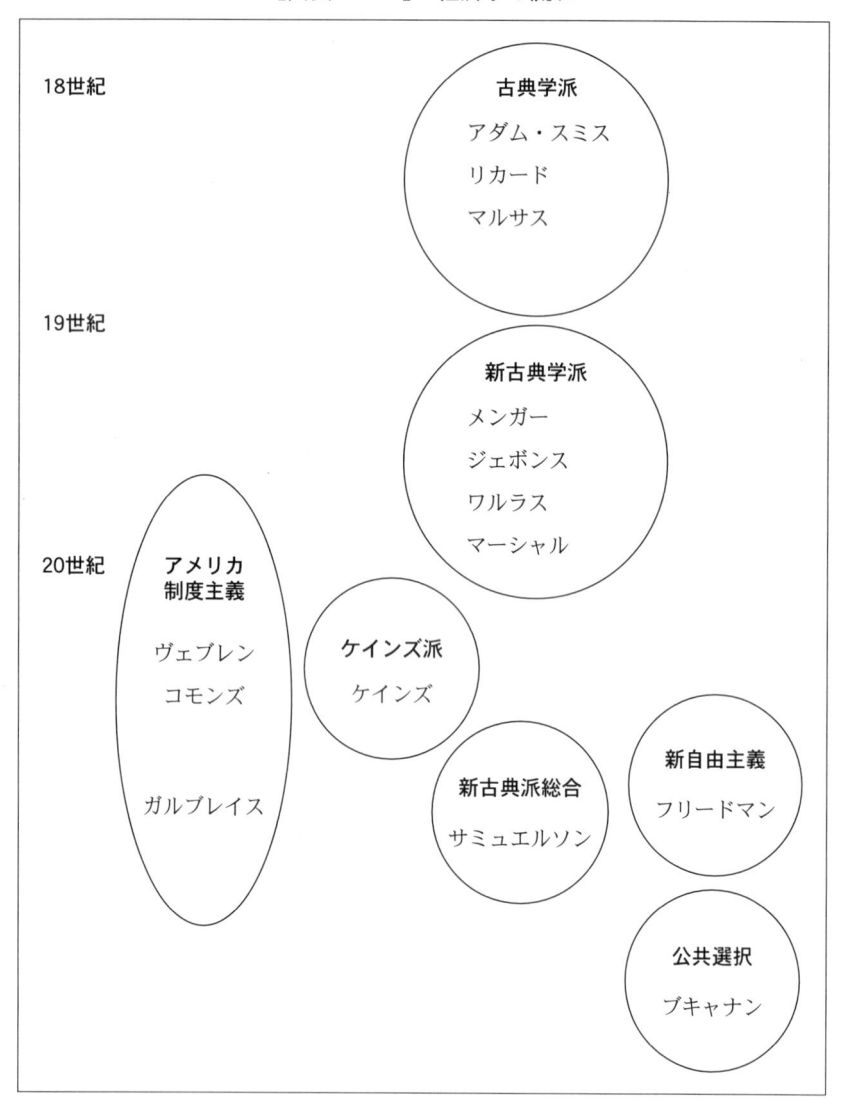

18世紀
- **古典学派**
  - アダム・スミス
  - リカード
  - マルサス

19世紀

- **新古典学派**
  - メンガー
  - ジェボンズ
  - ワルラス
  - マーシャル

20世紀
- **アメリカ制度主義**
  - ヴェブレン
  - コモンズ
  - ガルブレイス
- **ケインズ派**
  - ケインズ
- **新古典派総合**
  - サミュエルソン
- **新自由主義**
  - フリードマン
- **公共選択**
  - ブキャナン

第 1 章　経済学の小径へ

【参考文献】
(1)　正村公宏『人間を考える経済学－持続可能な社会をつくる―』ＮＴＴ出版　2006年
(2)　金森久雄・荒憲治郎・森口親司編『有斐閣経済辞典』有斐閣　2006年
(3)　伊東光晴編『岩波現代経済学事典』岩波書店　2004年
(4)　Samuelson, Paul A., *Economics* 10th edition, 1976. (都留重人監訳『経済学　上[原書第10版]』岩波書店　1977年)
(5)　Stiglitz, Joseph E., *Economics,* 1997. (藪下史郎・秋山太郎・金子能宏・木立力・清野一治訳『スティグリッツ入門経済学第2版』東洋経済新報社　2001年)
(6)　Mankiw, N.Gregory, *Principles of Economics,* 2004. (足立英之・石川城太・小川英治・地主敏樹・中馬宏之・柳川隆訳『マンキュー経済学[第2版] Ⅰミクロ編』東洋経済新報社　2008年)
(7)　Gruchy, Alan. G., *Modern Economic Thought:The American Contribution,* Augustus M. Kelley, 1967.
(8)　髙橋真『制度主義の経済学－ホリスティック・パラダイムの世界へ―』税務経理協会　2002年
(9)　宮沢健一『現代経済学の考え方』岩波書店　1985年
(10)　中村達也・八木紀一郎・新村聡・井上義郎『経済学の歴史－市場経済を読み解く－』有斐閣　2001年

(注)
ⅰ)　正村公宏『人間を考える経済学－持続可能な社会をつくる－』ＮＴＴ出版, 2006年 pp. 9－10.
　　金森久雄・荒憲治郎・森口親司編『有斐閣経済辞典』有斐閣, 2006年 p. 296.
　　伊東光晴編『岩波現代経済学事典』岩波書店, 2004年 pp. 212－213.
ⅱ)　Samuelson, Paul A., *Economics* 10th edition, 1976. (都留重人監訳『経済学　上[原書第10版]』岩波書店, 1977年) p. 7.
ⅲ)　Stiglitz, Joseph E., *Economics,* 1997. (藪下史郎・秋山太郎・金子能宏・木立力・清野一治訳『スティグリッツ入門経済学第2版』東洋経済新報社, 2001年) pp. 16－23.
ⅳ)　Mankiw, N.Gregory, *Principles of Economics,* 2004. (足立英之・石川城太・小川英治・地主敏樹・中馬宏之・柳川隆訳『マンキュー経済学[第2版] Ⅰミクロ編』東洋経済新報社, 2008年) p. 4.
ⅴ)　「標準的な経済学」という表現は，経済学の異端あるいは反主流といわれる経済学グループとは異なり，経済学の教科書的な内容に共通した考え方という意味である。より厳密には，経済学の主流派といわれる経済学であり，新古典学派の経済学 (neo-classical economics) がこれにあたるといえる。
ⅵ)　Gruchy, Alan. G., *Modern Economic Thought : The American Contribution,* Augustus M. Kelley, 1967. pp. 552.
ⅶ)　「経済人」のことを，「ホモ・エコノミカス」と呼ぶ場合もある。

ⅷ) 労働生産性とは生産活動に投入される労働に対する生産量の伸びのことであり，労働生産性の向上とは投入される労働量に対する生産量が拡大することを意味する。
ⅸ) 需要は財に対する欲求をさすが，有効需要とは貨幣支出を伴う需要のことである。

第2章　経済学の森
──市場経済の理論──

≪いぬ時のコラム②≫

私はご飯がいっぱい食べたいわ。

私は，無添加，無農薬のナチュラル・フードがよいわ。

それなら **TV コマーシャル**（広告・宣伝）でやってるよ。

TV コマーシャルは，本当かどうかわからないわ。

でも，TV コマーシャルのことはみんな**信じて，頼っているよ。**
（説得）

ご飯は手づくり食が一番よね。おなかも心も**満足**よね。

≪キーワード≫　広告・宣伝，説得，満足
第2節(2), (6)で扱う。

第1節　市場機構の働き

(1) 完全競争市場

　経済学では，財やサービスが取引される場所を**市場**「しじょう」(market) と呼ぶ。別の言い方をすれば，供給者（生産者）と需要者（消費者）が出会う場所でもある。経済学での市場は抽象的な意味を持つ市場であり，労働が売買される市場を労働市場，証券や債券が売買される市場を資本市場（または金融市場）などと呼ぶ。したがって，現実に存在する青果市場や魚市場や花卉市場とは異なる概念である。

　経済学では，財やサービスが取引される市場に関して，以下の条件を満たす市場を想定している。それは，「**完全競争市場**」(perfect competition market) と呼ばれる。この「完全競争市場」の条件は，以下のとおりである。

　第1に，供給者（売り手）と需要者（買い手）が**多数存在**することである。これは，供給者と需要者が多数存在することによって，価格に対して誰も影響力を持たないことを意味する。この場合，供給者と需要者は価格に関して何ら影響力を持たないこと，すなわち，価格を与えられたものとして受け入れて行動することから「**価格受容者**」(price taker) と呼ばれる。

　供給者または需要者がひとりまたは少数の場合には，数の少ない方が価格に対して影響力を持ち得ることになる。この価格に対する影響力がない状態を確保することが重要な意味を持つ。

　第2の条件は，すべての情報が市場への参加者（供給者と需要者）に知らされているということである。これを「**完全情報**」(perfect information) という。取引される財の種類や質，価格に対する供給者や需要者の行動などの情報がすべて市場参加者は知っていることになる。

　もちろん，現実の市場では，市場の参加者がすべての情報を知っているわけではなく，情報には偏りがあるので「**情報の非対称性**」（または「**非対称情報**」）

の問題として，経済学のひとつのテーマになっている。

第3の条件は，参加者の市場への**参入と退出が自由**であることである。

これは，何ら規制や制約が全くなく，供給者も需要者も，いつでも自由に市場の取引活動に参加することができ，市場からの退出も自由であることを意味する。

第4の条件は，市場で取引される財やサービスの質は，**同質**であることである。例えば，りんごに関しては，形や甘味などの質的な差異がないことである。

これらの条件を満たした市場を「完全競争市場」と呼び，理論の前提においている。

(2) 供給曲線－供給者の行動－

ここで，ある財に対する供給者（生産者）の価格と供給量に関する行動を見ていく。一般に，供給者は財の価格が低ければその供給量を控え目にし，財の価格が高い場合にはその供給量を増やした方が合理的であると考える。それは，財の生産に関わる**費用**の調達が価格に左右されるからである。【図表2－1】には，このような供給者の価格と供給量に関する行動が示されている。こ

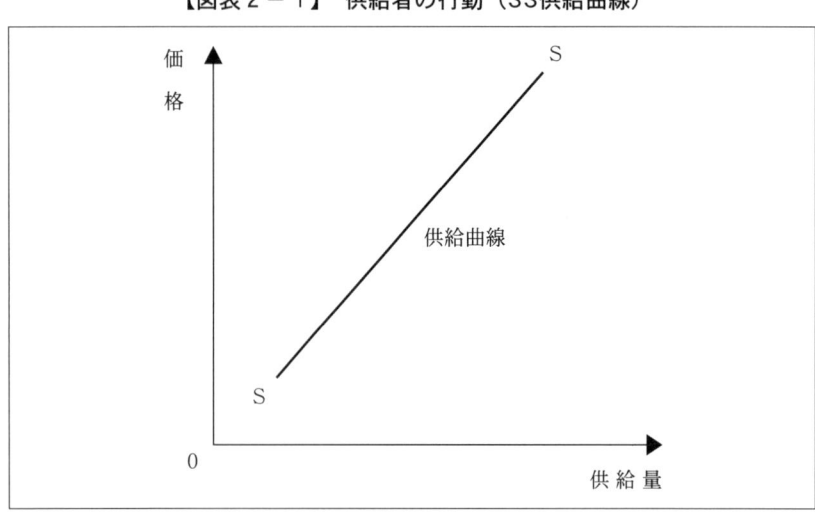

【図表2－1】 供給者の行動（SS供給曲線）

第2章　経済学の森

れを**供給曲線**（supply curve）と呼ぶ。供給曲線は費用曲線とみることができる。

　このような行動は供給者に共通してみられる行動である。Aさんの供給曲線，Bさんの供給曲線，……Xさんの供給曲線，Yさんの供給曲線といった供給者全員の合計が「**社会的供給曲線**」であり，経済学で「供給曲線」と呼ぶ場合には，供給者一個人の供給曲線を意味するのではなく，「社会的供給曲線」を意味している。

(3)　需要曲線－需要者の行動－

　次に，供給者と同様に，ある財に対する需要者（消費者）の価格と需要量に関する行動をみていく。一般に，需要者は財の価格が低ければその需要量を増やし，財の価格が高い場合にはその需要量を控えた方が合理的であると考える。それは，財の消費によってもたらされる需要者（消費者）の**満足度**（経済学では，「**効用**」という）に関係している。【図表2－2】には，このような需要者の価格と需要量に関する行動が示されている。これを**需要曲線**（demand curve）と呼ぶ。需要曲線は需要者（消費者）の満足度（効用）を示す線とみることができる。

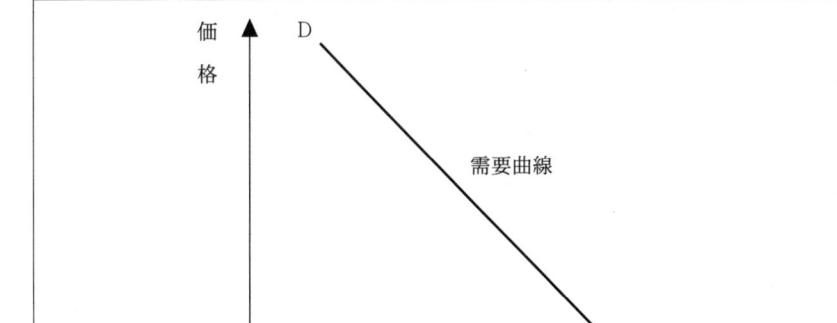

【図表2－2】　需要者の行動（DD需要曲線）

このような行動は需要者に共通してみられる行動である。Aさんの需要曲線，Bさんの需要曲線，……Xさんの需要曲線，Yさんの需要曲線といった需要者全員の合計が「**社会的需要曲線**」であり，経済学で「需要曲線」と呼ぶ場合には，需要者一個人の需要曲線を意味するのではなく，「社会的需要曲線」を意味している。

(4) 市場機構の働き

次に，市場において，ある財に対する価格はどのように決定されるのかをみていく。

前述したように，市場とは，財やサービスが取引される場所であり，供給者（生産者）と需要者（消費者）が出会う場所でもある。ここでは「完全競争市場」を前提としている。

【図表２－３】を使って，価格決定の動きをみていく。

例えば，**価格がP_1の場合**の需要量と供給量についてみてみよう。価格がP_1のとき，需要量はP_1の延長線（X座標の平行線）と需要曲線DDとの交点Aに対

【図表２－３】 市場機構の働き

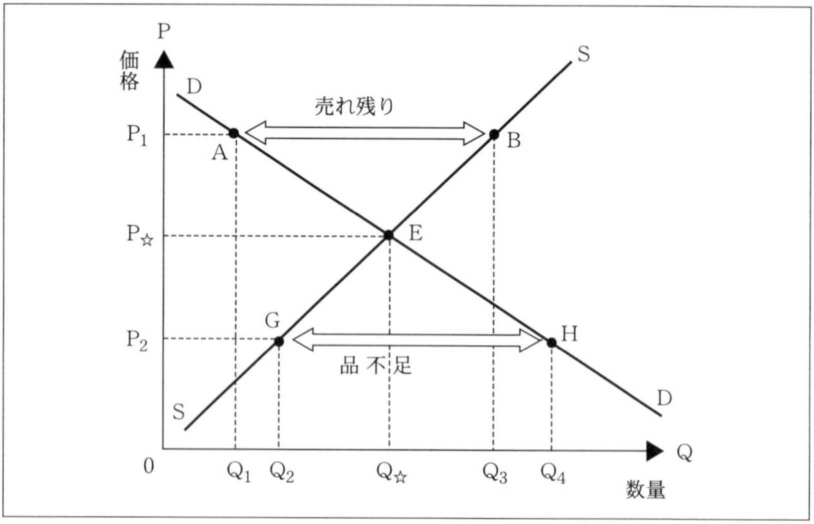

応するQ₁である。また，価格がP₁の時の供給量はP₁の延長線と供給曲線SSとの交点Bに対応するQ₃である。このとき，供給量Q₃に対して需要量はQ₁である（Q₃＞Q₁）から，**供給過多**の状態であり，財の**売れ残り**が生じることになる。この売れ残りの部分は，点A⇔点Bの部分であり，その数量は（Q₃−Q₁）にあたる。

売れ残りが生じる状態は，資源が無駄に使われていることを意味する。売れ残りが生じる原因は価格がP₁と高かったことが考えられる。したがって，この売れ残りを解消するためには，価格をP₁よりも引き下げる必要がある。

次に，価格がP₁よりも低い**価格P₂の場合**はどうか，みてみる。価格がP₂のとき，需要量はP₂の延長線（X座標の平行線）と需要曲線DDとの交点Hに対応するQ₄である。また，価格がP₂のときの供給量はP₂の延長線と供給曲線SSとの交点Gに対応するQ₂である。このとき，供給量Q₂に対して需要量はQ₄である（Q₂＜Q₄）から，**需要過多**の状態であり，財の**品不足**が生じることになる。この品不足の部分は，点G⇔点Hの部分であり，その数量は（Q₄−Q₂）にあたる。

品不足が生じる状態は，資源が無駄に使われていることを意味する。品不足が生じた原因は価格がP₂と低かったことが考えられる。したがって，この品不足を解消するためには，価格をP₂よりも引き上げる必要がある。

価格が高いと売れ残りが生じ，価格が低いと品不足が生じる。

では，売れ残りも品不足も生じないところは，どこであろうか。売れ残りが生じないためには，点A⇔点Bの部分の差が縮まることが必要であり，同様に品不足が生じないためには，点G⇔点Hの部分の差が縮まる必要がある。

この点A⇔点B部分の差がなくなると同時に，点G⇔点H部分の差がなくなるところは，供給曲線SSと需要曲線DDとの**交点E**ということになる。この交点Eこそが，資源の無駄がなく**効率的な資源配分を達成する状態**といえる。この交点Eを「**均衡点**」(equilibrium point)と呼ぶ。この均衡点Eを実現する**価格P☆**を「**均衡価格**」(equilibrium price)と呼び，このときの**数量Q☆**を「**均衡数量**」(equilibrium quantity)と呼ぶ。経済学では，この均衡点Eで「**パレー**

ト最適」(Pareto Optimum) が達成されているという。「パレート最適」とは，**他の誰かの状態を悪化させることなしには，ある人の状態を有利にすることができない状態**のことである。

経済学では，価格は上下に伸縮的に変動し，瞬時に需要と供給が一致する均衡点Eに対応する均衡価格P☆に到達する，と考えられている。そしてこの均衡価格P☆こそが，効率的な資源配分を達成する価格とされる。この価格の**伸縮的変動によって得られる均衡価格到達の動き**を「**市場機構**」(market mechanism) または「**価格機構**」(price mechanism) と呼ぶ。

(5) 社会的な余剰

完全競争市場における価格決定は，供給者（生産者）と需要者（消費者）にどのような効果をもたらすであろうか。

市場における価格決定は，供給者（生産者）と需要者（消費者）の双方にプラスの収入（収益）を与えることになる。このことを，供給者（生産者）の場合と需要者（消費者）の場合についてそれぞれみていく。

① 生産者余剰

【図表2－4】において，供給曲線はBS曲線で示されている。また市場価格はPに決定されているとする。この場合，供給者（生産者）は〔市場価格OP×供給量OF〕の値の収入総額OPEFを得ることになる。このとき，供給者が供給量OFを生産するのにかかる費用の総額はOBEF部分である。なぜなら，供給曲線はその財の生産に要する費用を示しているからである。

このことから，収入総額OPEFから費用総額OBEFを差し引いた**三角形BPE部分の利潤**が生じたことになる。

この三角形BPEを「**生産者余剰**」という。

② 消費者余剰

【図表2－5】において，需要曲線はAD曲線で示されている。市場価格がPに決定されているとする。この場合，需要者（消費者）は〔市場価格OP×需要量OF〕の値の支出総額OPEFを支出することになる。このとき，需要者（消

第2章 経済学の森

【図表2−4】 生産者余剰

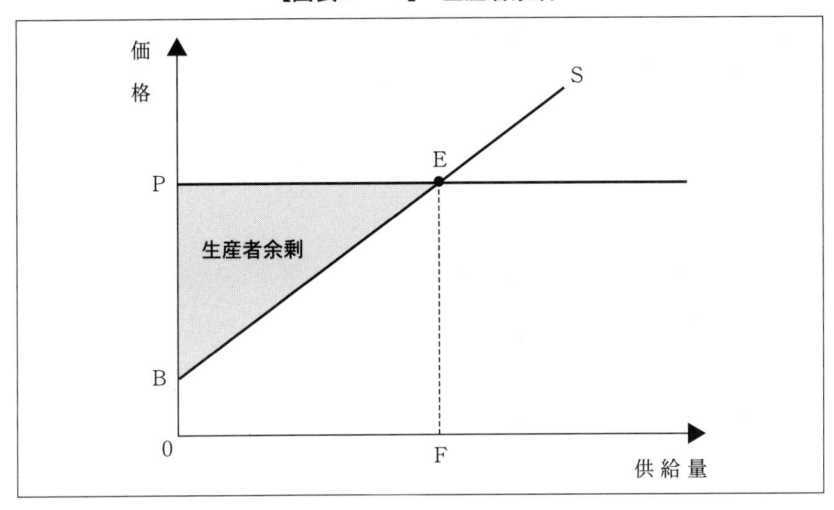

【図表2−5】 消費者余剰

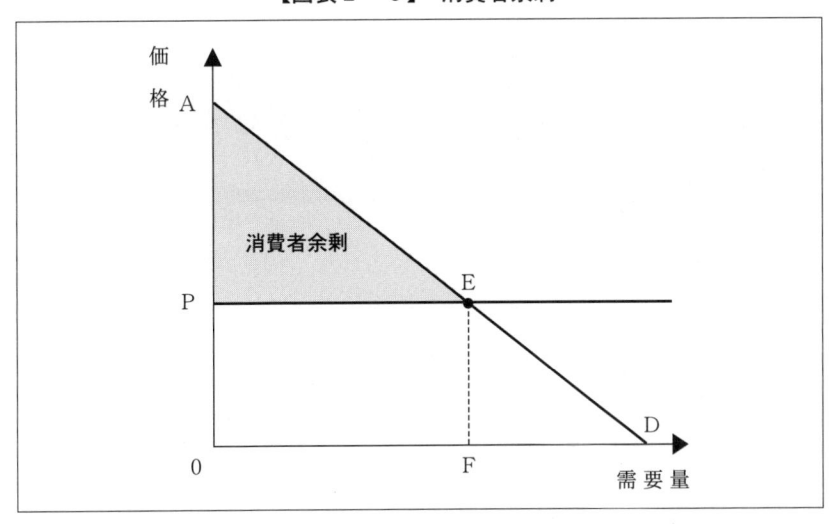

費者) は需要量OFから得られる満足度の総額はOAEF部分である。なぜなら，需要曲線はその財の消費によって得られる満足度を示しているからである。

このことから，財の消費によって得られる満足度の総額OAEFから支出総額

OPEFを差し引いた三角形APE部分の純利益(効用)が生じたことになる。
この三角形APEを「**消費者余剰**」という。

第2節　家計の消費行動

　第1節において，需要曲線は需要者(消費者)の行動を，そして供給曲線は供給者(生産者)の行動を表すものと説明してきた。ここでは，消費行動の主体である家計(需要者)の行動を詳しくみていく。

(1)　家計と消費行動

　家計(household)の役割としては，①**財やサービスの需要の主体**であると同時に，②**労働などの生産要素の供給主体**でもある。経済学では，家計は共通の予算制約の下で消費行動を行うものと想定されている。家計はその際，所得をどれだけ消費に回し，どれだけ貯蓄に回すか，という配分の問題を決定する。その場合，消費と貯蓄を制約する条件は所得である。すなわち，「所得が消費を決める」といえる。

　所得(Y)が増加すれば，消費(C)も増加する。所得の増加分に対する消費の増加分を「**限界消費性向**」(c)と呼ぶ。すなわち，「限界消費性向」を式にして表すと〔消費の増加分／所得の増加分〕＝〔$\Delta C/\Delta Y$〕＝cである。

　また，所得の増加分に対する貯蓄(S)の増加分を「**限界貯蓄性向**」(s)と呼ぶ。貯蓄の増加分は所得の増加分から消費の増加分を差し引いた部分にあたる。すなわち「限界貯蓄性向」を式に表すと，〔貯蓄の増加分／所得の増加分〕＝〔$\Delta(Y-C)/\Delta Y$〕＝〔$1-c$〕となる。

　また，所得に占める消費の割合は「**平均消費性向**」と呼ばれ，これを式に表わすと〔消費／所得〕＝〔C/Y〕となる。

(2) 限界効用の逓減と均等

　経済学では，財やサービスから得られる**満足度**または**幸福感**のことを「**効用**」(utility) と呼ぶ。例えば，お腹が空いているときに，りんご1個を食べたときの「おいしい」という満足度が「効用」である。そのりんごを1個，2個，3個と食べ続けたときに，りんご1個目から得られる「おいしさ」と2個目から得られる「おいしさ」と3個目から得られる「おいしさ」は同じではない。すなわち，**財の消費量を1単位ずつ追加したときに得られる「効用」（満足度）の増加分を「限界効用」**(marginal utility) と呼ぶ。これは，〔効用の増加分／消費の増加分〕＝〔$\Delta U / \Delta C$〕で表すことができる。

　りんごの消費を1個，2個，3個と追加的に増加させていけば，その追加的なりんごから得られる効用（満足度）の合計（これを，「**総効用**」と呼ぶ）は増加するものの，追加されたりんご1単位から得られる限界効用（満足度）は次第に小さくなる。これを，「**限界効用逓減の法則**」と呼ぶ。

【図表2－6】　限界効用逓減の具体例

消費量 （りんご）	総効用 （満足度の合計）	限界効用 （追加された満足度）
0	0	－
1	20	20
2	37	17
3	51	14
4	61	10
5	68	7
6	72	4
7	74	2

【図表２－６】を使って，限界効用逓減の法則を具体的にみていこう。りんごを食べる前の満足度 (効用) はゼロである。りんご１個目の満足度 (効用) は20である。りんごの消費量を増やすことによって満足度の合計である総効用は増加する。しかし，りんごの消費量を追加的に増やしていくことによる１個目，２個目，３個目……から得られる限界効用は，次第に小さくなっていくことがわかる。

したがって，限界効用は消費量の増加に従って低下するといえる。このことは，【図表２－７】に示されるように**右下がりの形状**を表す。

ところで，家計が消費行動をとる場合，ひとつの財の消費だけでなく複数の財を同時に消費することが考えられる。この場合，「限界効用逓減の法則」からどのような財の選択が家計にとって最適な消費行動といえるのかをみていく。

複数の財の選択的な消費行動を考える場合，議論を単純化する意味で，りんごとバナナの２つの財を同時に消費する場合で考えてみる。

りんごに対する限界効用とバナナに対する限界効用はそれぞれ【図表２－８】に示してある。

【図表２－７】 限界効用逓減の法則

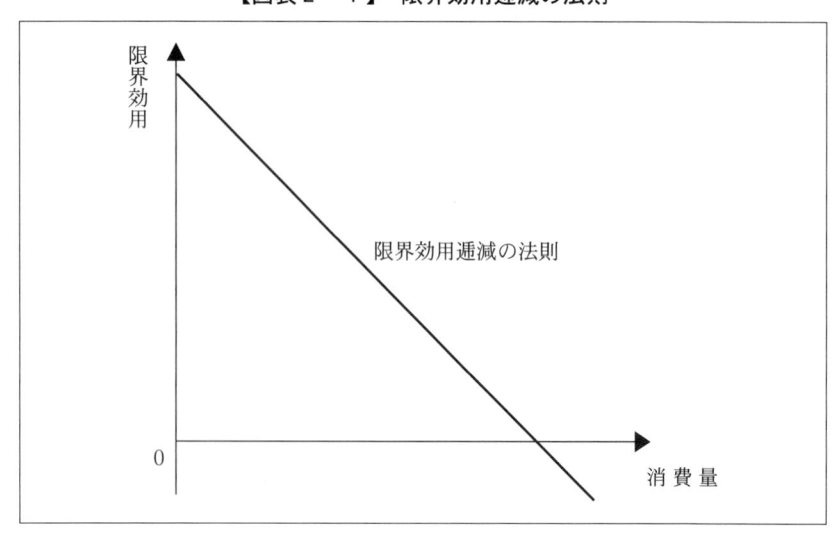

第2章　経済学の森

　前述したように，りんごの消費量を追加的に増やしていくとりんごの限界効用は次第に低下していく。同様に，バナナもその消費量を追加的に増やしていけば限界効用は次第に低下していく。りんごとバナナの双方の消費量をいくらに決定するかは，**限界効用が一致する数量**で決定することが最も大きな満足が得られる消費量であるといえる。【図表2－8】の例でいえば，りんごが5個（限界効用7），バナナ4本（限界効用7）の消費量が最も大きな満足が得られるのである。

　この結論に至るプロセスは以下のとおりである。はじめに，りんご3個，バナナ3本のところから出発してみよう。りんご3個目の限界効用は14であり，バナナ3本目の限界効用は11である。この場合，りんごの限界効用の方がバナナより高いため，りんごをもう1つ追加的に消費したほうが満足（効用）はより大きいと考えられる。りんご4個目の限界効用は10であり，バナナ3本目の限界効用（11）よりも小さい。この場合，追加的にりんごを消費するよりもバ

【図表2－8】　2財（りんごとバナナ）の限界効用

消費量	りんごの限界効用	バナナの限界効用
0	—	—
1	20	18
2	17	13
3	14	11
4	10	⑦
5	⑦	5
6	4	3
7	2	1

ナナをさらに1本追加的に消費した方が満足 (効用) は大きいと考えられる。バナナ4本目の限界効用は7であり，りんご5個目の限界効用 (10) よりも小さい。この場合，バナナよりもりんごをさらに1個追加的に消費した方が満足 (効用) は大きいと考えられる。このように，より大きな満足を求めて消費していくと，りんごとバナナの限界効用が等しいりんご5個，バナナ4本 (りんごとバナナの双方の限界効用は7) で，最大の満足を得ることになる。

このことを「**限界効用均等の法則**」という。【図表2－9】でいえば，りんごとバナナの限界効用が等しい点Eに対応するりんごとバナナの消費量が消費者に最大の満足を与えることになる。

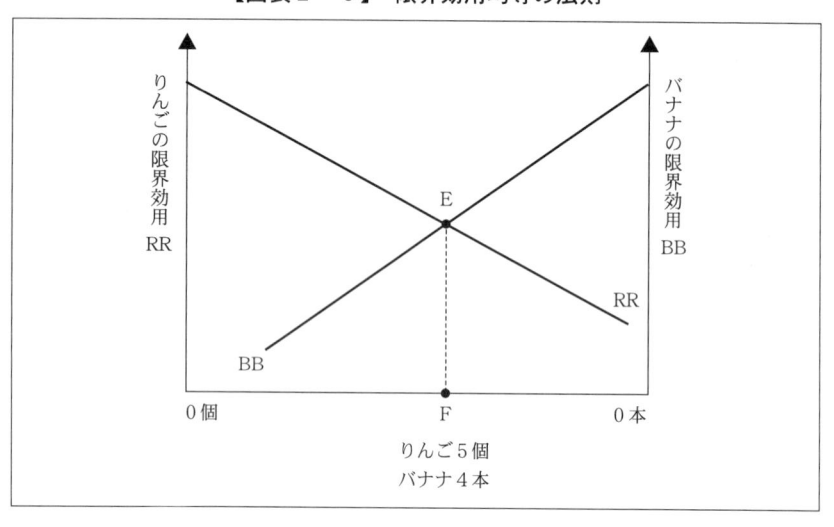

【図表2－9】 限界効用均等の法則

りんごの限界効用 RR
バナナの限界効用 BB
E
RR
BB
0個
F
0本
りんご5個
バナナ4本

(3) 消費の均衡

これまで，限界効用の概念を中心にみてきた。次に，価格との関係で消費量がどのように決まるのかをみていく。結論を先取りしていえば，消費量は限界収入と限界損失とが一致したところで決まる。

限界収入とは，前述した限界効用と同じ意味で，**ある財の追加的な消費によって得られる収入 (効用) の大きさ**である。また，**限界損失**とは**ある財の消**

第 2 章　経済学の森

費量を 1 単位追加的に消費したときに、その財の消費によって失う損害であり、財の購入に伴って支出する価格のことである。

　財の購入に際して、限界収入と限界損失とが一致したところで消費量が決まることを【図表 2 − 10】を使って説明する。

　【図表 2 − 10】の右下がりのXX曲線はりんごの限界収入（限界効用）曲線である。りんごの消費量に対して水平に描かれているYY曲線は限界損失曲線であり、この限界損失曲線はりんごの市場価格（市場価格はOB）のことである。XX曲線は、りんごの消費を徐々に増やすことで、りんごから得られる追加的な限界収入（限界効用）が低下することを示している。これに対して、りんごの市場価格（OB）はその消費量に関係なく一定であるから限界損失はりんごの消費量とは独立して一定であり、そのためにYY曲線は水平に描かれている。

　この場合、**りんごの消費量は限界収入曲線XXと限界損失曲線YYとの交点Eに落ちつくことになる**。すなわち、点Eに対応するOZがりんごの消費量になる。なぜならば、消費量がOZよりも左側（点Eの左側）であれば、限界収入＞限界損失となる。この場合、りんごを追加的に消費した方が収入（効用）が得られると考えられる。他方、消費量がOZよりも右側（点Eの右側）であれば、

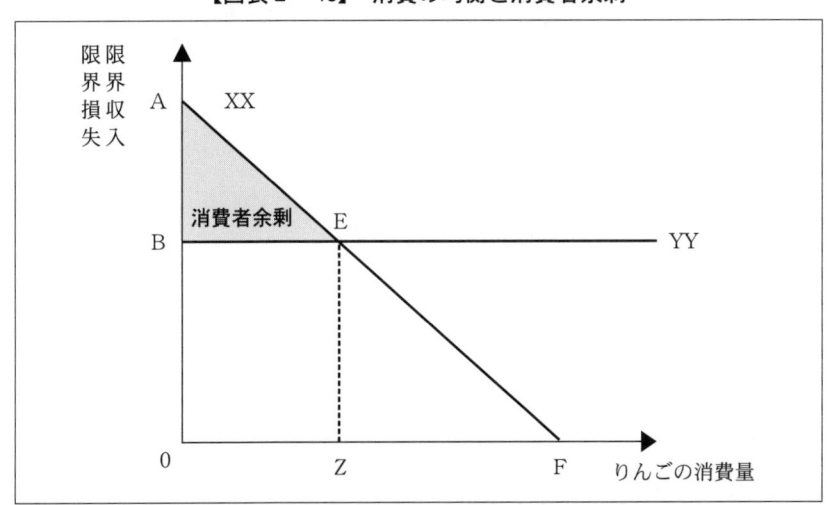

【図表 2 − 10】　消費の均衡と消費者余剰

限界収入＜限界損失となる。この場合，りんごの購入を控えた方が損失は少なくてすむと考えられる。

このことから，りんごの最適消費量は限界収入曲線XXと限界損失曲線YYとの交点Eに対応する消費量OZとなる。このとき，点Eを**均衡点**と呼ぶ。

ところで，この場合，消費者はりんごをOBの市場価格で，OZだけ消費することになる。したがって，消費者の支出総額はOBEZになる。ところが，このりんごの消費から得られる消費者の総収入（総効用）は，OAEZである。すなわち，消費者は総収入（総効用）OAEZから支出総額OBEZを差し引いた三角形BAE部分だけ余計に利益（満足）を得たことになる。この三角形BAE部分を「**消費者余剰**」と呼ぶ。

(4) 所得変化と消費行動

先に「所得が消費を決める」と述べた。このことから，所得の変化は消費行動の変化をもたらすものと考えられる。一般的には，所得の増加は財の需要を増加させると考えられるが，所得の増加が必ずしも需要を増加させるとは限らない。需要の増減は財の種類によって異なる。

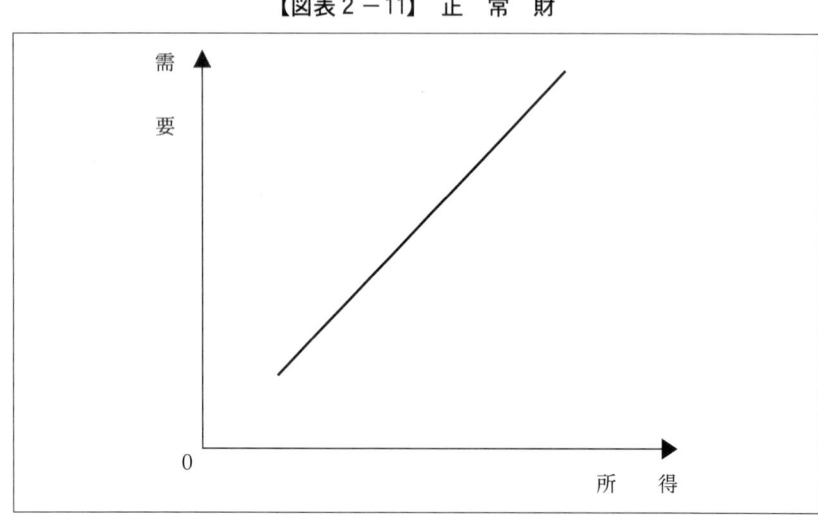

【図表２－11】　正　常　財

① 所得の増加がその財に対する需要を増加させる場合，その財は「**正常財**」(normal goods) であるという。例えば，所得の増加がケーキの需要の増加をもたらす場合，ケーキは「正常財」である。
② これに対して，所得の増加がその財の需要を減少させる場合，その財は「**劣等財**」(inferior goods) であるという。例えば，所得の増加に伴い万年筆の購入が増え，ボールペンの購入が減少する場合，ボールペンは「劣等財」である。

また，所得の増加がどの程度その財の需要を増加させるかを示すものとして，「**需要の所得弾力性**」がある。これは以下の式で示される。

需要の所得弾力性＝その財の需要の増加率(％)／所得の増加率(％)

所得の増加以上に需要の増加がある財（所得弾力性が1以上）を「**弾力性の大きい財**」と呼び，指輪などの宝飾品や美術品などがこれにあたる。一方，所得の増加に対して需要の増加が見込まれない財（所得弾力性が1未満）を「**弾力性の小さい財**」と呼び，米や洗剤などの生活必需品がこれにあたる。

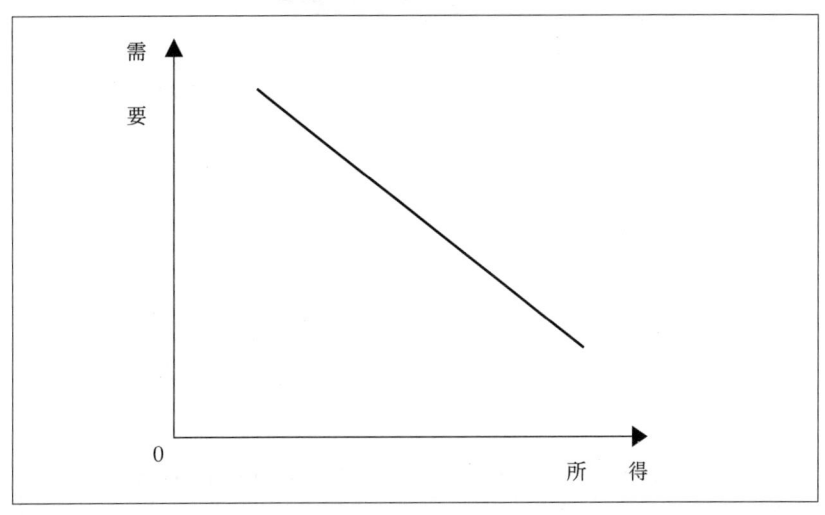

【図表2-12】 劣 等 財

さらに，所得と消費行動の関係を示すものとして「**エンゲル係数**」がある。「エンゲル係数」とは，所得または家計支出に占める飲食費の割合であり，所得水準の増加に伴ってエンゲル係数は低下するものと考えられる。

(5) 価格変化と消費行動

所得の変化と同様に，価格の変化は消費行動に変化をもたらす。価格の上昇がどの程度その財の需要を減少させるかを示すものとして「**需要の価格弾力性**」がある。これは以下の式で示される。

需要の価格弾力性＝その財の需要の減少率(％)／価格の上昇率(％)

価格の上昇以上に需要の減少がある財（価格弾力性が1以上）を「**弾力性の大きい財**」と呼び，スポーツ用品などの娯楽用品，指輪などの宝飾品や美術品などがこれにあたる。一方，価格の上昇に対して需要の減少があまりみられない財（価格弾力性が1未満）を「**弾力性の小さい財**」と呼び，米や塩や洗剤などの生活必需品がこれにあたる。

また，稀なケースとして，価格が上昇することによって需要が増加し，価格が下落することによって需要が減少する財を「**ギッフェン財**」と呼ぶ。

さらに，ある財の価格上昇がそれ以外の財の需要に影響を及ぼす場合がある。

① ある財の価格上昇が別の財の需要を増加させる場合，それらは「**代替財**」と呼ばれる。例えば，すき焼の際に，牛肉の代わりに価格の安い豚肉を使うとする。豚肉の価格上昇によって牛肉との価格差が小さければ，すき焼に牛肉を使うことが多くなる。このときの豚肉と牛肉の関係は代替財である。

② ある財の価格上昇が価格上昇したその財だけでなく，別の財の需要を減少させる場合，それらは「**補完財**」と呼ばれる。例えば，パンにバターをぬって食べるとき，パンの価格上昇によってパン食の回数が減ることでバターの需要が減少する。このときのパンとバターの関係は補完財である。

(6) 制度と消費行動

これまで，所得や価格の変化が消費行動に及ぼす影響についてみてきた。ここでは，その消費者のおかれている制度的条件と消費行動の変化についてみていく。

現代の先進諸国のように物質的な豊かさを享受している社会では，多くの消費者は生存に必要な衣食住に対する不安から解放されている。そのため，自らが必要とする財に対する欲望を十分に把握しきれていない。このような社会的制度的状況の中で，テレビなどのマス・メディアを通じた**広告**や**宣伝**によって知らず知らずのうちに説得され，消費者の需要が喚起され，操作されていることが指摘されている。このことを，**ジョン・K・ガルブレイス**（John K. Galbraith）は，消費者の欲望が財の生産者である企業の側に依存しているという意味で，**「依存効果」**（dependence effect）と呼んでいる[i]。**≪いぬ時のコラム②≫**の会話は，この依存効果の具体的な例といえる。

また，消費者は学校や会社や地域などの社会的制度的環境のもとで生活している。ある消費者がその社会的制度的環境のもとで生活する中で，自分が所有している財よりも優れた財との接触があった場合，その消費者は自分の所有している財に対して不満が生じる。そして，自分の所有している財に対する不満は，新しい**優等な財**が購入されるまで解消されない。このように，優等な財との接触が新たな消費を誘発することを，**ジェームス・デューゼンベリー**（James Duesenberry）は**「デモンストレーション効果」**（demonstration effect）と呼んでいる[ii]。

さらに，**ソースティン・ヴェブレン**は，自らが高貴な社会的身分であることや所得水準が高いことを誇示したいという金銭的な**見栄**の要求から高価な宝飾品や美術品やブランド品などを消費することを**「顕示的消費」**（conspicuous consumption）または**「みせびらかしの消費」**と呼ぶ。このように，金銭的な見栄が高価な財の消費行動に結びつくことを**「ヴェブレン効果」**と呼ぶ[iii]。

第3節　企業の生産活動

(1) 企業と生産活動

　経済学では，**生産活動の主体は企業**である。企業は**土地，労働，資本**の**生産要素**を投入して生産物を生産する。その際，企業の目的は利潤の追求であり，**利潤の最大化**（極大化）であると仮定される。

　生産要素の投入量を増加していけば，それに応じて生産量も増加する。しかし，生産要素の追加的な投入に対する生産量の増加量は徐々に小さくなっていく。このことを「**限界生産力逓減の法則**」と呼ぶ。この場合，**生産要素の追加的投入に対する生産量の増加分を「限界生産力」**という。

　【図表2－13】は限界生産力逓減を具体的に示したものである。生産要素として労働投入を例に考える。労働投入がなされる前の生産量はゼロである。労働を1単位投入すると生産量は10であり，限界生産力は10である。労働を2単位追加投入すると生産量は17に増加するが，追加的労働投入に対する生産量の

【図表2－13】　限界生産力逓減の具体例

労働投入	生産量	限界生産力
0	0	－
1	10	10
2	17	7
3	22	5
4	25	3
5	26	1

増加は7である。このようにみていくと，労働の追加的投入によって生産量全体は増加するが，追加的な労働投入に対する限界生産力は徐々に低下していくことがわかる。

このことから，限界生産力逓減の形状は【図表2－14】のようになる。

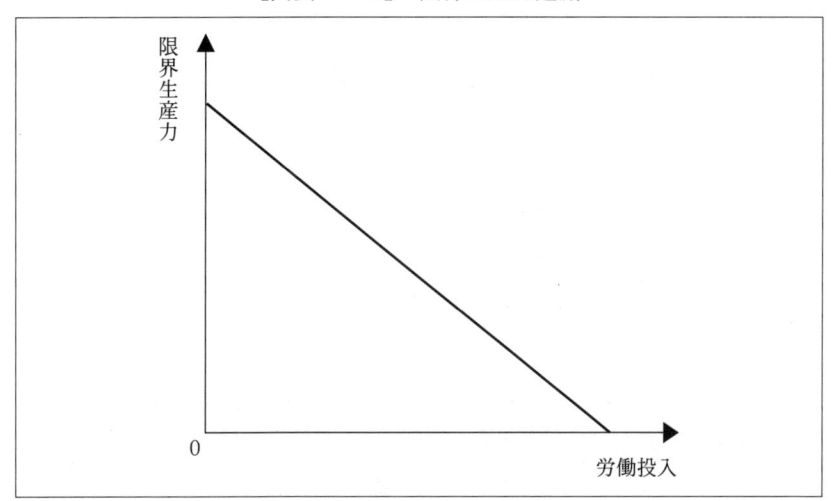

【図表2－14】 限界生産力逓減

(2) 費用と利潤

経済学では，生産活動の主体である企業の目標は利潤の最大化（極大化）であると述べた。その際，**利潤**とは，収入から費用を差し引いたものである。

すなわち，

　　〔**利潤＝収入－費用**〕

である。

したがって，利潤の最大化という企業の目標は，費用を最小化するための最適な生産活動を遂行することである。

ここで，費用に関する種類を整理する。

① **総費用**（Total Cost: TC）

　　生産に必要な費用の総額。

② 固定費用（Fixed Cost：FC）
　　土地の賃借料や資本設備など生産を開始するときにかかる費用で，生産量とは無関係に生じる費用。
③ 可変費用（Variable Cost：VC）
　　賃金や電気代や原材料費など生産量に応じて変化する費用。
したがって，
　　　〔総費用（TC）＝固定費用（FC）＋可変費用（VC）〕
である。
④ 平均費用（Average Cost：AC）
　　生産量1単位あたりの費用で，総費用を生産量で割ったもの。
　　　〔平均費用（AC）＝総費用／生産量〕
⑤ 限界費用（Marginal Cost：MC）
　　生産量1単位追加して生産するときに要する費用。
　　　〔限界費用（MC）＝総費用の増加／生産の追加的増加量〕
これらの費用について【図表2-15】の例を使って具体的にみていく。

【図表2-15】 費　　用

生産量	総費用（TC）	限界費用（MC）	平均費用（AC）
1	10	10	10
2	12	2	6
3	15	3	5
4	19	4	4.7
5	25	6	5
6	32	7	5.3
7	41	9	5.8

生産量の増加につれて総費用は増加する。限界費用（MC）は生産量の追加的増加に応じてかかる費用であり，生産開始当初は多くかかるが，すぐに減少しはじめ，その後徐々に増加する。平均費用（AC）も限界費用と同様に，多くかかるがすぐに減少しはじめ，その後徐々に増加するが，限界費用よりもゆるやかな増加となっている。

総費用（TC）は，多くの場合で【図表2－16】の形状を示す。総費用は生産量の増加に従って増加する。しかし，その増加の仕方は，生産開始当初はその増加は急であり，その後ゆるやかになり，また急な増加傾向を示す。

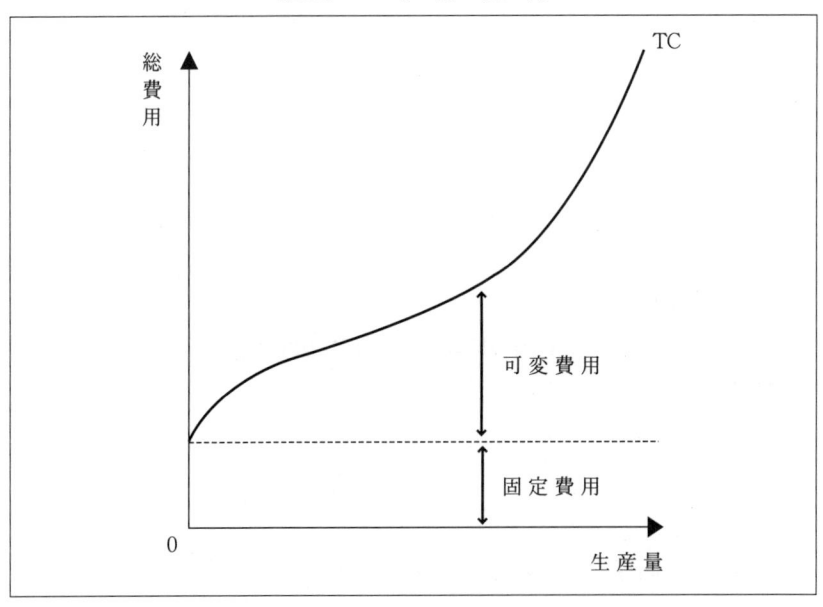

【図表2－16】 総　費　用

次に，限界費用（MC）と平均費用（AC）との関係は，【図表2－17】のように平均費用の最小点を限界費用が交差することになる。

【図表２−17】 限界費用と平均費用の関係

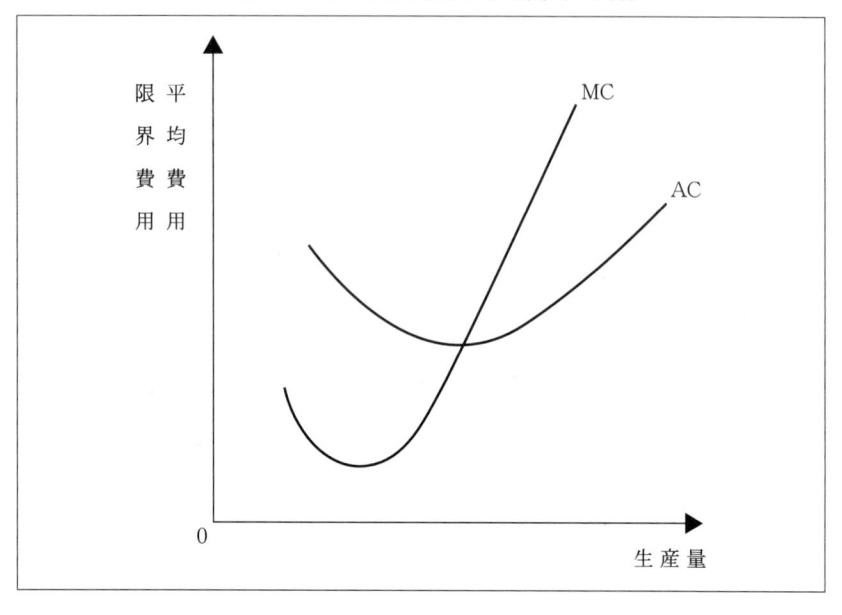

(3) 生産の決定

完全競争市場における**利潤の最大化の条件**は，**限界収入**(Marginal Revenue)**と限界費用（MC）とが一致する点**である。

すなわち，利潤最大化の条件は

〔MR＝MC〕

である。

限界収入（MR）とは，生産量を１単位追加生産した時に得られる収入である。

なぜ，限界収入（MR）＝限界費用（MC）が利潤最大化の条件なのであろうか。

例えば，限界収入（MR）よりも限界費用（MC）が小さい場合（MR＞MC），より多く生産した方が利潤を得やすい。これに対して，限界収入（MR）よりも限界費用（MC）が大きい場合（MR＜MC），より少なく生産した方が利潤を得やすい。このことから，限界収入（MR）と限界費用（MC）とが一致する点（MR＝MC）で利潤は最大化することになる。

ところで、**完全競争市場では限界収入は市場価格（P）に等しく、生産量とは独立して与えられている。**

このことから、利潤最大化の条件であるMR＝MCは、

　　P＝MC

と置き換えることができる。

完全競争市場では、企業は市場価格を与えられたものとして生産活動を行う（企業は市場価格に対して何ら影響力を持たない）。

【図表2－18】 のMC曲線は限界費用曲線を、AC曲線は平均費用曲線を示している。市場価格がP_1に与えられた場合、利潤最大化の条件であるP＝MCに従えば、生産量はP_1とMC曲線との交点Eに対応するQ_1ということになる。

市場価格はP_1で、生産量はQ_1である。したがって、総収入は市場価格P_1に生産量Q_1を掛けた部分OP_1EQ_1である。他方、生産量Q_1における生産量1単位あたりの費用は、平均費用曲線AC上の点Bに対応するP_2である。このことから、総費用は1単位あたりの平均費用P_2に生産量Q_1を掛けた部分OP_2BQ_1である。したがって、**利潤**は総収入から総費用を差し引いた（総収入OP_1EQ_1－

【図表2－18】　利潤の発生

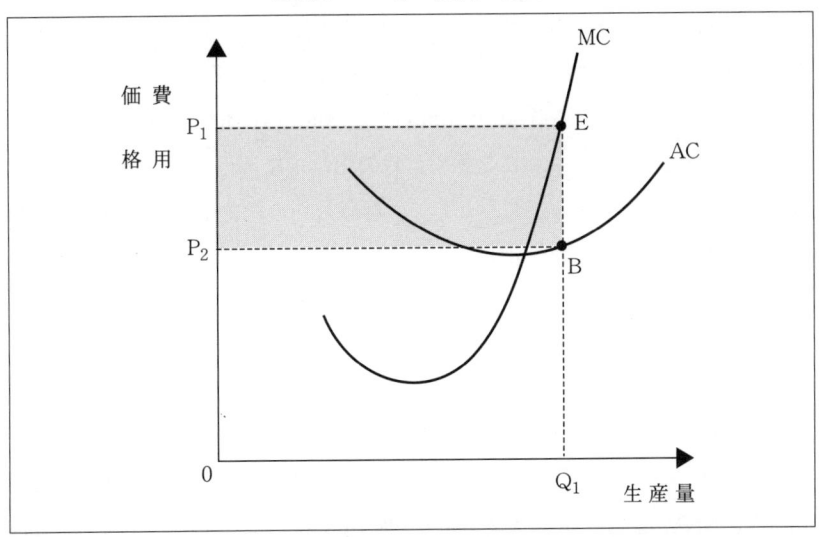

総費用OP_2BQ_1）部分であるP_2P_1EBとなる。

次に，【図表2−19】のように市場価格が限界費用曲線（MC）と平均費用曲線（AC）との交点に与えられた場合を考えてみる。

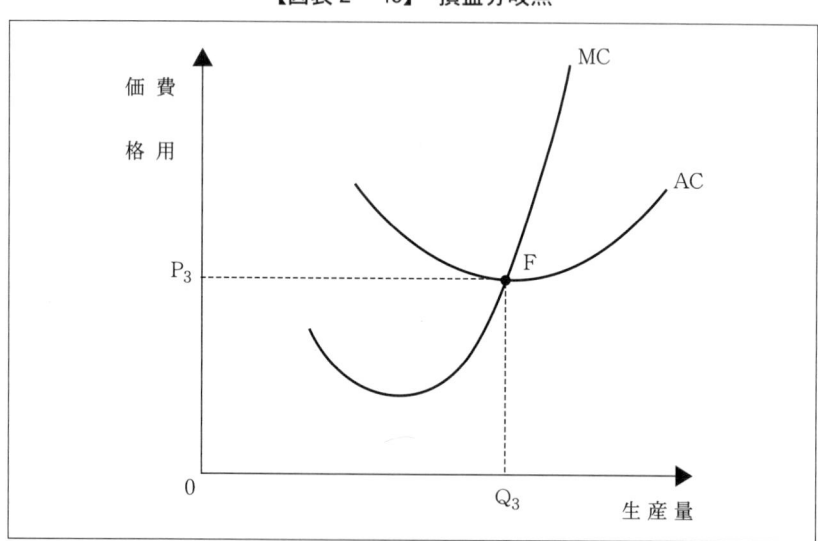

【図表2−19】 損益分岐点

市場価格P_3が与えられた場合，P＝MCの条件を満たす交点Fに対応する生産量はQ_3である。この場合，総収入は市場価格P_3に生産量Q_3を掛けた部分OP_3FQ_3である。生産量Q_3のときの平均費用は，AC曲線上の点Fに対応する市場価格P_3である。このことから，総費用は市場価格P_3に生産量Q_3を掛けた部分OP_3FQ_3である。したがって，総収入から総費用を差し引いた利潤はゼロである（総収入と総費用は同額である）。このときの**点F**を「**損益分岐点**」と呼ぶ。

次に，【図表2−20】のように市場価格が平均費用曲線よりも低く与えられた場合を考えてみる。

市場価格P_4が与えられた場合，P＝MCの条件を満たす点Gに対応する生産量はQ_4である。この場合，総収入は市場価格P_4に生産量Q_4を掛けた部分OP_4GQ_4である。生産量Q_4のときの平均費用はAC曲線上の点Hに対応するP_5

第 2 章　経済学の森

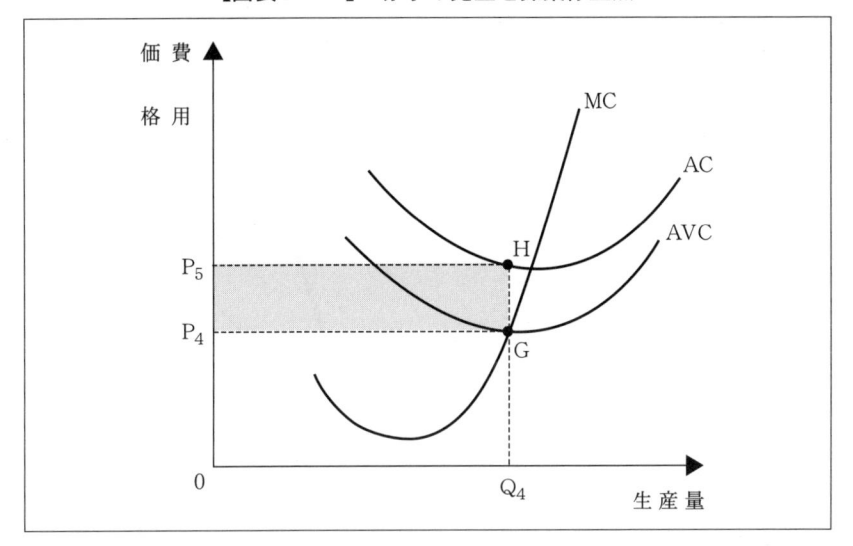

【図表 2 － 20】　赤字の発生と操業停止点

である。このことから、総費用は平均費用P_5に生産量Q_4を掛けた部分OP_5HQ_4である。したがって、利潤は総収入OP_4GQ_4から総費用OP_5HQ_4を差し引いた部分P_4P_5HGということになる。しかし、この場合、総収入＜総費用であるからこの利潤は**マイナスの利潤**、すなわち**赤字**を意味する。限界費用曲線と平均費用曲線との交点である「損益分岐点」以下に市場価格が決まる場合、赤字が発生する。この場合、費用を回収するだけの利潤は期待できない。

ところで、この点Gを通るAVC曲線は**平均可変費用曲線**である。平均費用曲線ACと平均可変費用曲線AVCとの間、すなわち点Hと点Gの間で価格が決まる場合は、赤字を出しながらでも固定費用部分だけはまかなうことができる。しかし、平均可変費用曲線AVC以下に価格が決まる場合は、固定費用部分に加えて可変費用部分もまかなえない状況になる。すなわち、点G以下に価格が決まる場合には企業は操業を停止することになる。したがって、この**点Gを**「**操業停止点**」という。

このことから、企業が利潤を発生させることができるのは、平均費用曲線（AC）と限界費用曲線（MC）との交点よりも上の限界費用曲線上であること

【図表2－21】 供給曲線

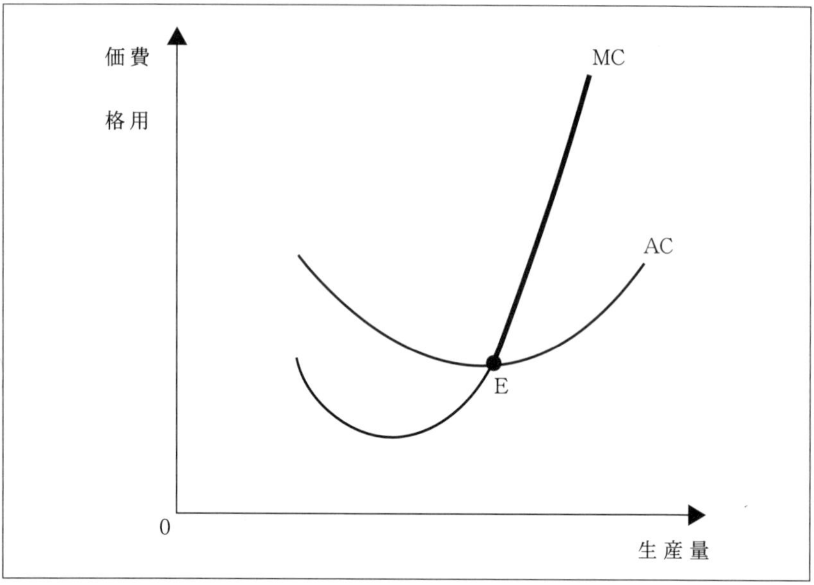

がわかる。

これが供給曲線の意味である。

これまで，市場経済に関する基本的な理論内容をみてきた。経済学では，完全競争市場における市場機構の働きは重要な理論となっている。また，消費者（家計）の行動と生産者（企業）の行動の理論は，需要曲線と供給曲線の背後にある理論である。

【参考文献】

⑴ 井堀利宏『入門経済学』新世社，2002年

⑵ Mankiw, N. Gregory, *Principles of Economics,* 2004.（足立英之・石川城太・小川英治・地主敏樹・中馬宏之・柳川隆訳『マンキュー経済学［第２版］Ⅰミクロ編』東洋経済新報社，2008年）

⑶ Stiglitz, Joseph E., and Walsh, Carl E., *Economics,* 2002.（藪下史郎・秋山太郎・蟻川靖浩・大阿久博・木立力・清野一治・宮田亮訳『スティグリッツ入門経済学第３版』東洋経済新報社，2008年，『スティグリッツミクロ経済学第３版』東洋経済新報社，

2007年)
(4) Samuelson, Paul A., *Economics* 10th edition, 1976.(都留重人監訳『経済学 上・下[原書第10版]』岩波書店，1977年)
(5) Galbraith, John K., *The Affluent Society,* 1958., 1984.(鈴木哲太郎訳『ゆたかな社会』第4版岩波書店，1990年)
(6) Duesenberry, James, *Income, Saving, and the Theory of Consumer Behavior,* 1949.(大熊一郎訳『所得・貯蓄・消費者行動の理論』改訳版厳松堂出版，1975年)
(7) Veblen, Thorstein, *The Theory of the Leisure Class,* 1899, 1975.(高哲男訳『有閑階級の理論』筑摩書房，1998年)

(注)
ⅰ) Galbraith, John K., *The Affluent Society,* 1958., 1984.(鈴木哲太郎訳『ゆたかな社会』第4版岩波書店，1990年) を参照せよ。
ⅱ) Duesenberry, James, *Income, Saving, and the Theory of Consumer Behavior,* 1949.(大熊一郎訳『所得・貯蓄・消費者行動の理論』改訳版厳松堂出版，1975年) を参照せよ。
ⅲ) Veblen, Thorstein, *The Theory of the Leisure Class,* 1899, 1975.(高哲男訳『有閑階級の理論』筑摩書房，1998年) を参照せよ。

第3章　経済学の泉
──国民経済と経済変動の理論──

≪いぬ時のコラム③≫

- これ何かわかる？
- 今まで，ブームになった犬よね。
- 「ペット産業急成長」ってことらしいよ。
- 反対に，捨てられている犬も多いのね。
- お店は景気がよいけれど，犬には迷惑なこともあるよね。
- 安全，安心，責任感のある人が一番よ。

≪キーワード≫ 成長，好景気
第2節(1)で扱う。

第3章 経済学の泉

第1節　国民経済の考え方

　経済学は，それぞれの財やサービスの市場における経済的機能に関わるだけでなく，一国の国民が営む総体としての経済全体という視点を持っている。これを，**国民経済**（national economy）と呼ぶ。国民経済全体がどのような大きさであるのかを知る主要な指標として，以下のものがある。

(1)　国民総生産（ＧＮＰ：Gross National Product）

　国民総生産（GNP）とは，ある一定期間内に（通常は，半年または1年間），**その国の居住者**によって新しく生産された財やサービスの**付加価値**の合計である。この場合の**付加価値**とは，生産活動によって作り出された生産額から原材料などの中間投入物を差し引いたものである。

(2)　国内総生産（ＧＤＰ：Gross Domestic Product）

　国内総生産（GDP）とは，ある一定期間内に（通常は，半年または1年間），**その国の国内で**新しく生産された財やサービスの**付加価値**の合計である。

　国民総生産（GNP）と国内総生産（GDP）との違いを具体的な事例でみていく。日本企業のH社がアメリカで自動車生産を行って得た収益は，H社が日本企業であることから日本の国民総生産（GNP）に入れられ，日本の国内総生産（GDP）には含まれない。これに対して，アメリカ企業のM社がフランスで食料品生産を行って得られた収益は，その生産活動がフランスであることからフランスの国内総生産（GDP）に入れられるが，アメリカの国内総生産（GDP）には含まれない。

　現在，一国全体の経済実態を知る指標として，国内総生産（GDP）は国際比較において広く用いられている。

(3) 国民所得（NI：National Income）

国民所得（NI）とは，ある一定期間内に国民が新たに得た**所得**の合計である。この国民所得は，付加価値の合計の面（生産国民所得）と支出の合計の面（支出国民所得）と取得した所得の合計の面（分配国民所得）とが一致している。このことを**国民所得の「三面等価の原則」**と呼ぶ。

(4) 経済成長率

一国の経済活動の状態を知る一つの手掛かりとして，**経済成長率**がある。経済成長率とは国内総生産（GDP）の対前年比の伸び率で測られる。

第2節　経済の変動

経済は常に一定の状態を保っているわけではない。不況やインフレーションや失業などさまざまな経済変動が起こっている。このような経済変動を次にみていく。

(1) 景気循環

経済が不況や好況などの変動を循環的に繰り返すことを「**景気循環（または景気変動）**」（business cycle）という。

景気循環は，《……好況(好景気)→景気後退→不況(恐慌)→景気回復→好況……》というそれぞれの経済局面を循環的に繰り返すものとみなされる。好況から次の好況までを1周期とみる。それぞれの局面では，次のような現象が起こる。

好況（好景気）期は，企業の生産活動が活発であり，雇用も安定している。所得の増加がみられ，消費者の購買意欲も活発であり，物価は上昇傾向を示し，加熱気味（インフレーション）になる。

景気後退期は，徐々に企業の生産活動が沈滞化し，雇用も不安定化してくる。

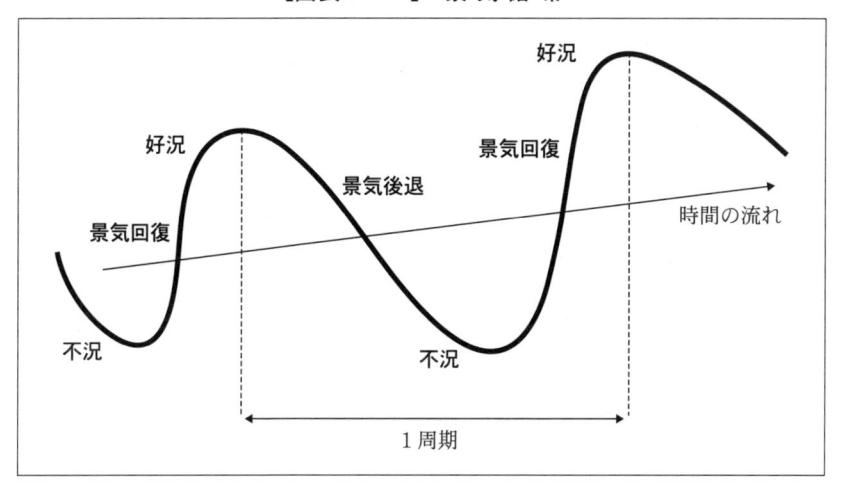

【図表3－1】 景気循環

所得の伸びが徐々に小さくなり，消費者の購買意欲も低下し，物価が下がる傾向を示し始める。

不況期は，企業の生産活動は振るわず，企業倒産や失業が顕在化する。所得と雇用に対する不安が高まり，消費は落ち込む傾向を示す。消費の落ち込みから物価は下落する傾向（デフレーション）がある。

景気回復期は，企業の生産活動が徐々に活発化し，雇用の増加がみられ失業が解消されつつある。所得は増加傾向を示し，消費も徐々に回復して，物価の下落に歯止めがかかり，上昇傾向を示し始める。

景気循環は経済的要因によるところが大きい。1周期あたりの期間の長さとその原因によって，以下のような分類がなされている。これらの景気循環には，景気分析を行った経済学者の名前が付されている。

① キチンの波

1周期が**約40か月**の周期で，在庫投資の変動によって生じる景気循環を「**キチンの波**」（または「短期循環」）と呼ぶ。

② ジュグラーの波

1周期が**約7年から10年**の周期で，設備投資の変動によって生じる景気循環

を「ジュグラーの波」(または「中期循環」) と呼ぶ。

③　クズネッツの波

1周期が**約15年から20年**の周期で，人口の変動や建設投資などによって生じる景気循環を「**クズネッツの波**」と呼ぶ。

④　コンドラチェフの波

1周期が**約50年から60年**の期間で，大規模な技術革新や新しい資源の開発や戦争などによって生じる景気循環を「**コンドラチェフの波**」(または「長期循環」) と呼ぶ。

【図表3−2】　景気循環の種類

景気の波	期間（周期）	原因
キチンの波	約40か月	在庫投資
ジュグラーの波	約7年から10年	設備投資
クズネッツの波	約15年から20年	建設投資，人口変動
コンドラチェフの波	約50年から60年	技術革新，戦争

さらに，景気循環の原因を経済的要因以外の**自然現象**に求めるものもある。例えば，太陽黒点の活動（太陽黒点説）や干ばつなどの気候変動などである。さらに，近年の公共選択の研究では，大統領選挙や議会の解散などの政治的要因によって景気循環が引き起こされていることが指摘されている。これらは「**政治的景気循環**」(political business cycle) と呼ばれている。このことは，第6章で解説する。

(2)　インフレーション

インフレーション (inflation) とは，一般的な物価水準が持続的に上昇することであり，「**通貨膨張**」といわれる。ある年の一般物価水準と基準となる年の一般物価水準との伸び率（上昇率）を「**インフレ率**」または「**物価上昇率**」と

いう。物価の動向を探る指標としては，消費者物価指数や卸売物価指数などがある。

次に，インフレーションの種類を現象面と原因面からみていく。

はじめに，インフレーションの現れ方として，インフレ率（物価上昇率）の大きさによる分類である。

① ふつうのインフレーション

第1に，一般物価水準が穏やかに上昇するときに起こり，年率の物価上昇率がおおむね1桁の率で推移する現象を「**ふつうのインフレーション**」という。

② 駆け足のインフレーション（ギャロッピング・インフレーション）

第2に，一般物価水準が急激に上昇し，年率の物価上昇率が2桁または3桁の率で上昇する現象を馬が跳ねてかけている様子になぞらえて「**駆け足のインフレーション**」または「**ギャロッピング・インフレーション**」という。このインフレーションの種類は，南アメリカのアルゼンチンやブラジルなどで経験的事例がある。

③ 超インフレーション（ハイパー・インフレーション）

第3に，物価上昇の仕方が異常であり，戦争時や革命時などに起こっているインフレーションで，年率の物価上昇率も5桁や10桁あるいはそれ以上というような異常なインフレーションを「**超インフレーション**」または「**ハイパー・インフレーション**」という。このインフレーションは，第1次世界大戦後の1920年代にドイツで，あるいは1980年代のボリビアなどで経験されている。

④ 忍び足のインフレーション（クリーピング・インフレーション）

通常，インフレーションは景気が過熱気味の場合に起こる傾向があるが，景気後退に入っても一般物価水準が徐々にゆっくりと上昇し続けることがある。このようなインフレーションを「**忍び足のインフレーション**」または「**クリーピング・インフレーション**」という。1970年代のオイル・ショック以降の景気後退期（不況期）のインフレーションがこの好例である。

次は，インフレーションの原因面からみた分類である。

① 費用圧力型インフレーション（コスト・プッシュ・インフレーション）

労働者の賃金引上げや原材料価格の高騰などによる費用の上昇が価格に転嫁され，それが一般物価水準の上昇を招く現象を「**費用圧力型インフレーション**」または「**コスト・プッシュ・インフレーション**」という。1970年代の２度のオイル・ショックによって引き起こされた物価上昇は，この好例といえる。

この費用圧力型インフレーションを詳しくみていくと，輸入された原材料の高騰や輸入品の価格の高騰が原因で一般物価水準が上昇する場合を「**輸入インフレーション**」と呼び，労働組合活動などによって労働者の賃金引上げがなされ，それが価格に転嫁されて一般物価水準が上昇する場合を「**賃金圧力インフレーション**」と呼ぶ。

ここで，【図表３－３】から費用圧力型インフレーション発生の動きをみていく。

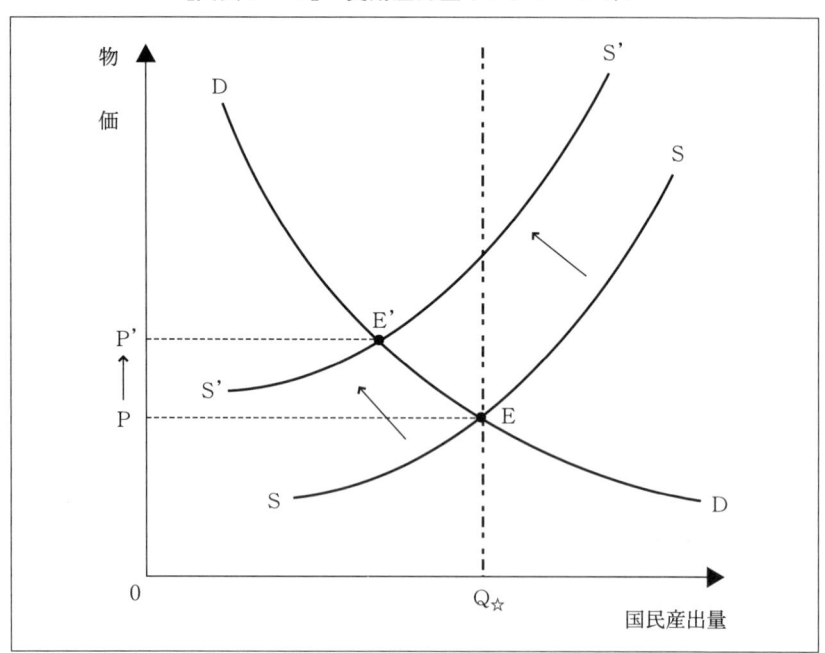

【図表３－３】　費用圧力型インフレーション

縦軸に一般物価水準を，横軸に社会全体の産出量（国民産出量）をとる。総需要曲線DDと総供給曲線SSが与えられている。横軸上のQ☆は**完全雇用産出量**である。この完全雇用産出量とは，すべての労働者や機械設備が稼動し，すべての資源が使われて得られる産出量という意味である。総需要曲線DDと総供給曲線SSとは点Eで均衡しており，このときの物価水準がPである。原材料価格の高騰などで1単位生産あたりの費用が上昇することから総供給曲線SSは左上方にシフトしS'S'になる。総需要は一定であるから，総需要曲線DDと新たな総供給曲線S'S'との交点は新たに点E'になり，物価水準はPからP'へと上昇する。このPとP'との差の部分が，費用圧力型インフレーションの発生である。

② 需要牽引型インフレーション（ディマンド・プル・インフレーション）

経済全体の総需要が総供給能力を上回ることにより，一般物価水準が継続的に上昇する現象を「**需要牽引型インフレーション**」または「**ディマンド・プル・インフレーション**」という。

この現象は，ジョン・M・ケインズの「**有効需要の原理**」(principle of effective demand) によって説明が可能となった。**有効需要**とは貨幣支出を伴う需要のことであり，有効需要の原理とは有効需要が社会全体の産出高や国民所得や雇用量を決定するというものである。有効需要が総供給能力（産出高の上限）を超えた場合，有効需要に見合った産出高は不可能であり，それは一般物価水準の上昇に向かうことになる。

ここで，【図表3－4】から需要牽引型インフレーション発生の動きをみていく。

縦軸に一般物価水準を，横軸に社会全体の産出量（国民産出量）をとる。総需要曲線DDと総供給曲線SSが与えられている。横軸上のQ☆は**完全雇用産出量**である。この完全雇用産出量とは，すべての労働者や機械設備が稼動し，すべての資源が使われて得られる産出量という意味である。総需要曲線DDと総供給曲線SSとは点Eで均衡しており，このときの物価水準がPであり，国民産出量はQ☆である。このとき，所得の増加などの要因によって総需要曲線DD

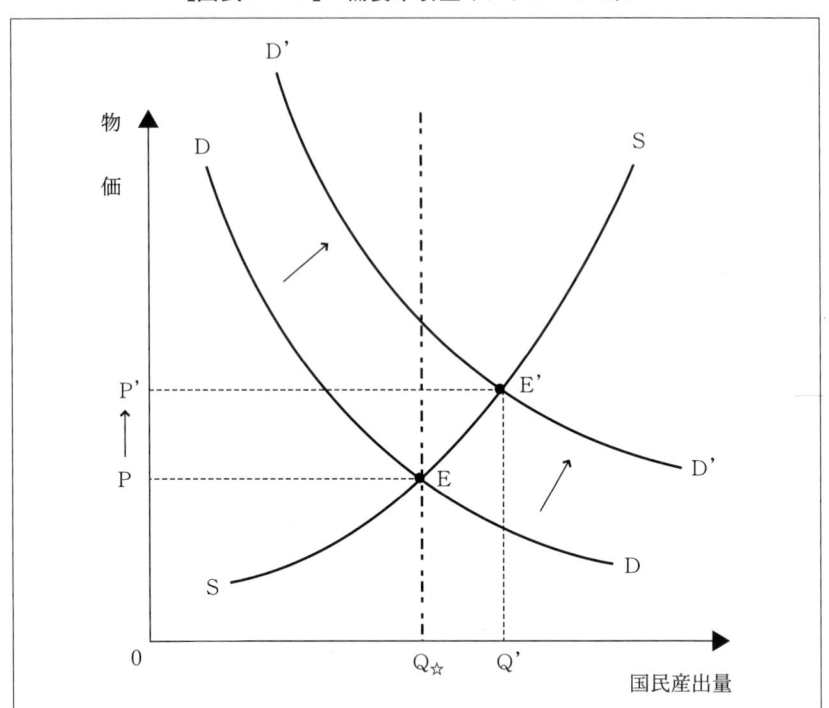

【図表３−４】 需要牽引型インフレーション

がD'D'へと右上方にシフトしたとする。総供給能力は一定であるから，総供給曲線SSと新たな総需要曲線D'D'との交点は点E'になる。この場合，国民産出量は完全雇用産出量Q☆を超える値を示している（点E'に対応する国民産出量はQ'である）。しかし，現実には完全雇用産出量Q☆を超える生産は不可能である。このことから，物価水準はPからP'へと上昇する。このPとP'との差の部分が，需要牽引型インフレーションの発生である。

③ 金融インフレーション

中央銀行などの金融当局が，通貨の増発などで通貨供給量（通貨量）を増加させることによって一般物価水準が上昇する現象を「**金融インフレーション**」という。

この現象を「**貨幣数量説**（quantity theory of money）」の観点から説明し

てみる。貨幣数量説とは、「一般物価水準は通貨供給量で決まる」というものであり、これを定式化したのは**アービング・フィッシャー**（Irving Fisher）である。いま、社会全体で流通している通貨供給量をMとし、その通貨が何回回転したかを示す流通速度をVとし、一般物価水準をPとし、財の取引量をTとする。このとき、取引総額PT（物価P×取引量T）とその取引に使われた通貨総量MV（通貨供給量M×流通速度V）は等しいから、**MV＝PT**が成り立つ。これを「**フィッシャーの交換方程式**」と呼ぶ。短期的には通貨の流通速度Vと取引量Tは一定と考えられるから、**一般物価水準Pは通貨供給量Mによって一義的に決まる**、というのが貨幣数量説である。この説に従えば、中央銀行（金融当局）による通貨供給量の増加が一般物価水準の上昇を引き起こすことになる。

④　財政インフレーション

政府などの財政当局が行う税率の引下げや公共事業の拡大や公債の発行などに伴い、総需要が増加することによって一般物価水準が上昇する現象を「**財政インフレーション**」という。総需要の増加による一般物価水準の上昇という点では、需要牽引型インフレーションと構造的には同じであるが、この財政インフレの場合は財政当局の採用する財政支出拡大の政策がインフレーションを引き起こすという側面がある。

(3)　デフレーション

デフレーション（deflation）とは、一般的な物価水準が持続的に下落することであり、「通貨収縮」といわれる。不況期に現れることが多く、第1次世界大戦後の不況期や1930年代の大恐慌期には大幅な物価下落を経験した。デフレーションは不況期に起こることから、不況期にみられる一現象と考えられる傾向があった。その意味では、これまで経済問題としての深刻さは、デフレーションよりもインフレーションと不況がより大きな問題と考えられてきた。

(4)　失　　業

失業（unemployment）とは、就業する意思と能力がある人が職についてい

ない状態をいう。

失業にはその内容によっていくつかの種類に分類される。以下では，それぞれの失業の種類についてみていく。

① 摩擦的失業

労働力の地域間，職業間，産業間の移動に時間が必要とされるために，一時的に失業している状態を「**摩擦的失業**」という。例えば，引越しに伴って就職先を探すことや女性の出産や育児をすませた後で就職先を探すことなどである。

② 構造的失業

労働力需要がある産業から別の産業へと移行しているのに対して，労働力の供給がその動きに対応できないために起こる失業を「**構造的失業**」という。これは，産業構造の変化によって引き起こされる失業と考えられる。例えば，労働力需要は製造業から情報技術産業に移行しているのに，労働者の能力や技術がそれに追いつかないために失業していることなどである。

③ 潜在的失業（または偽装的失業）

雇用の機会が少ないために，低賃金や劣悪な労働条件の下でやむを得ず就業している状態を「**潜在的失業**」（または「**偽装的失業**」）という。これは，外見上は就業していることになるが，よりよい労働条件下での就業が不可能であるという意味で，失業しているものと解することができる。例えば，大学卒の人が大学卒の求人が少ないために，高卒待遇の労働条件や給料で働くことなどである。

④ 自発的失業

労働者が現行の賃金率で働くことを自発的に拒否することによって生じる失業を「**自発的失業**」という。この賃金率とは，1時間あたりの賃金である。この失業は「**古典派的失業**」とも呼ばれる。このことを【図表3－5】から説明してみる。

【図表3－5】において，縦軸は賃金率を，横軸は労働者数を示している。このときの前提として，**賃金率は伸縮的に変動する**ものと仮定する。賃金率の上昇に従って働くことを望む労働者数は増加するので，労働供給曲線は右上が

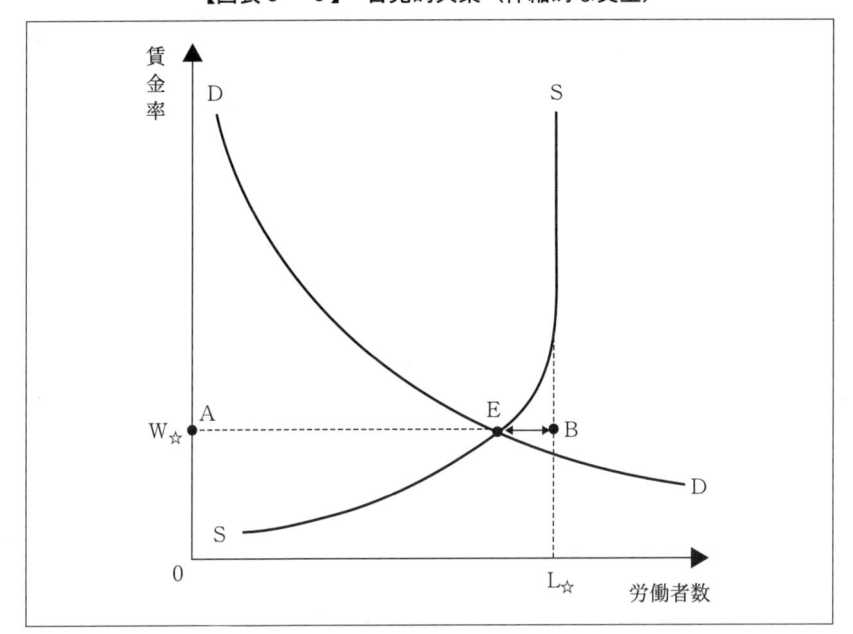

【図表３－５】 自発的失業（伸縮的な賃金）

りの曲線SSを描く。L☆はすべての労働者が働いた場合の数（完全雇用者数）を示している。一方，労働に対する需要は賃金率が下がるほど増加するので，労働需要曲線は右下がりの曲線DDで描かれる。このとき均衡点はEであり，均衡賃金はW☆である。この均衡賃金W☆で働く労働者数（就業者）はAEであり，EB部分がこの均衡賃金W☆での労働を拒否した「自発的失業」ということになる。

⑤ 非自発的失業

労働者が現行の賃金率で働きたいと思いながらも失業を余儀なくされている状態を「**非自発的失業**」という。この失業は「**ケインズ的失業**」とも呼ばれる。このことを【図表３－６】から説明してみる。

【図表３－６】において，縦軸は賃金率を，横軸は労働者数を示している。このときの前提として，**賃金率は下方硬直的である**と仮定する。賃金率の上昇に従って働く労働者数は増加するので，労働供給曲線は右上がりの曲線SSを描く。L☆はすべての労働者が働いた場合の数（完全雇用者数）を示している。

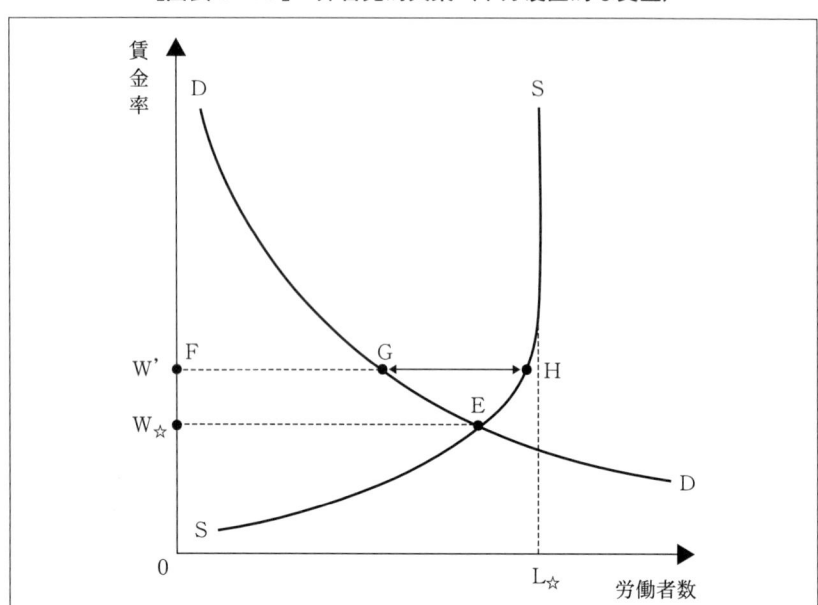

【図表３－６】 非自発的失業（下方硬直的な賃金）

一方，労働に対する需要は賃金率が下がるほど増加するので，労働需要曲線は右下がりの曲線DDで描かれる。このとき均衡点はEであり，均衡賃金はW☆である。

労働市場は労働組合などの活動の結果として，高い賃金率W'を維持しているものとする。この賃金率W'は均衡賃金W☆よりも高い賃金率である。現行賃金率W'の労働力需要はFGであり，労働力供給はFHである。この場合，労働力供給に対して労働力需要が少ないことから，(FH－FG)部分，すなわちGH部分の失業者が発生する。これが，賃金率W'での就業を希望しながら失業を余儀なくされている「非自発的失業」である。

第3節　インフレーションと失業の関係

ここでは、インフレーションと失業の関係に関してみていくことにする。

イギリスの経済学者**フィリップス**（A. W. Phillips）は、イギリスの1861年から1957年までの貨幣賃金変化率と失業率との関係を調べた結果、**【図表3－7】**に示されるような、貨幣賃金変化率と失業率との間にはトレード・オフ（trade-off）の関係があることを発表した。この関係を示した曲線を「**フィリップス曲線**」と呼ぶ。

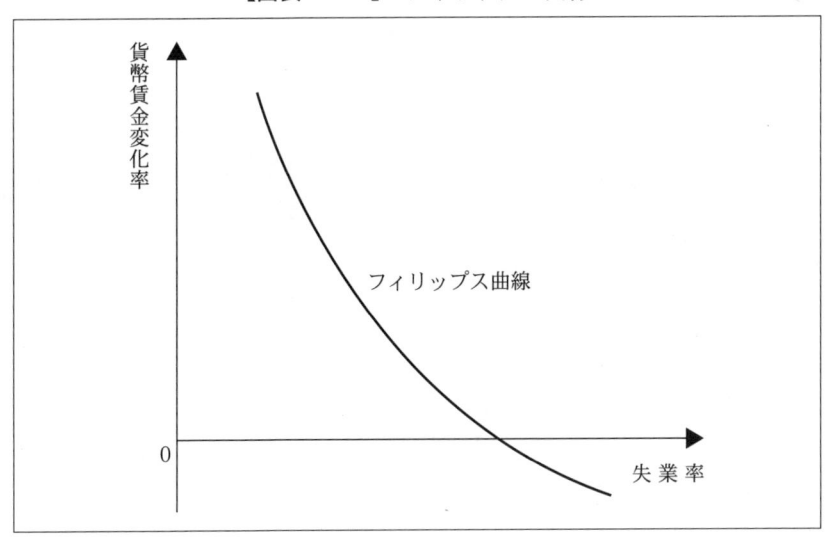

【図表3－7】　フィリップス曲線

その後、**サミュエルソン**と**ロバート・ソロー**（R. Solow）によって貨幣賃金変化率は物価上昇率と同一方向に連動することが明らかにされ、貨幣賃金変化率を物価上昇率に置き換える「**修正フィリップス曲線**」が示された。

この修正フィリップス曲線によって、物価上昇率と失業率との間には負の相関関係があることが示された。この修正フィリップス曲線は、物価の上昇（イ

ンフレーション）を抑制すれば失業率が高まり，失業率を抑制しようとすれば物価が上昇する（インフレーションが進む）という政策的な意味を含むものとなった。

この修正フィリップス曲線は，理論的には，後述するケインズの有効需要の原理によって裏付けられることになる。

しかし，現実には1970年代に入り，多くの先進諸国において「**スタグフレーション**」(Stagflation) という深刻な経済状況を経験した。スタグフレーションとは，物価上昇を表す英語の inflation と景気停滞を表す英語の stagnation との合成語であり，景気停滞または不況のときに物価上昇（インフレーション）が同時に並存する経済現象を示す言葉である。この物価上昇（インフレーション）と景気停滞（不況）の並存という経済状況は経済学者にとっても深刻な出来事であった。

事実，イギリスの経済学者**ジョーン・ロビンソン**（Joan Robinson）はこの事態を「**経済学の第2の危機**」(The Second Crisis of Economic Theory) と呼び，既成の経済学の無力さを告白したのである[i]。

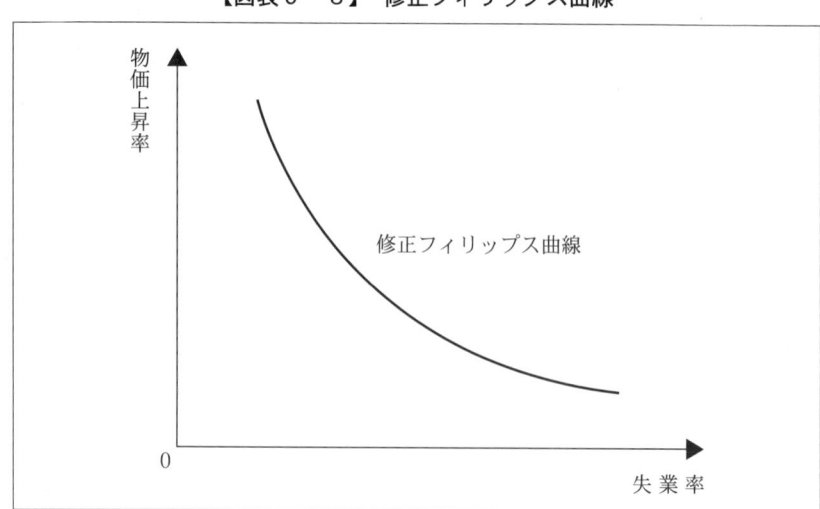

【図表3－8】 修正フィリップス曲線

第4節　国民所得決定の理論

　国民所得の大きさは，どのように決定されるのであろうか。ケインズ経済学の基本である「有効需要の原理」によれば，経済主体の需要が生産（供給）を決定するのである。

　ここでは，議論を単純化するために，輸出入の対外貿易がないものと仮定する。経済主体は家計，企業そして政府であり，それぞれの主体は，家計が消費支出（C）を，企業は民間投資（I）を，そして政府は公共支出（G）を行い，それが国民総支出である。国民総支出は，一国全体の総需要（D）となる。

　国民総支出＝総需要(D)＝C＋I＋G

　所得の増加は消費の増加を促すことから，消費は国民所得の増加関数である。しかし，所得の増加分に対する消費の増加分，すなわち**限界消費性向（c）**は，1以下であると仮定できる。なぜなら，所得の一部は消費にまわされ，残りは貯蓄（S）に回される。このことから，所得の増加分すべてが消費に回されることはないとみることができる。すなわち，限界消費性向は1以下である。また，企業の民間投資（I）と政府の公共支出（G）は，短期的には一定と考えられる。

　さらに，国民所得（Y）と国民産出量（国民総生産または国内総生産）とはその値が近似的であることから，ここでは，両者は等しいものとして扱う。

　このことから，

　国民所得(Y)＝総需要(D)または国民総支出

である。

　【図表3－9】から国民所得（Y）がどのように決定されるのかをみていく。縦軸に国民総支出または総需要（D）をとり，横軸に国民所得（Y）または国民産出量をとる。45°線は総需要と国民所得が一致する点（D＝Y）を示している。

　総需要曲線DDは，限界消費性向（c）が1以下であることから，ゆるやかに右上がりの直線で描かれる。このとき，需要と供給とが一致する45°線（D＝Y）

【図表 3 − 9】 国民所得の決定

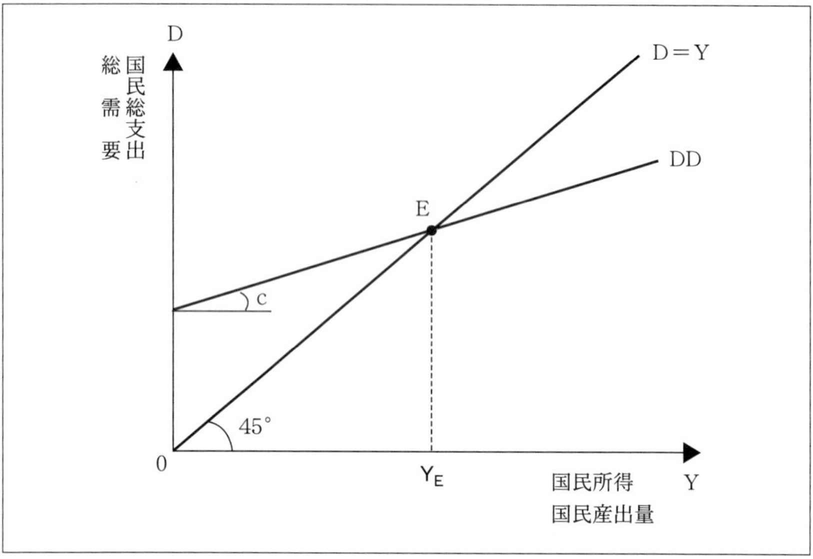

国民総支出 総需要

D
D = Y
DD
E
c
45°
0
Y_E
国民所得 国民産出量 Y

と総需要曲線DDとの交点E（均衡点）において均衡国民所得Y_Eが決定される。この考え方は，経済政策の運営にとって，大きな役割を持つことになる。

【参考文献】

(1) 井堀利宏『入門経済学』新世社，2002年
(2) Mankiw, N. Gregory, *Principles of Economics,* 2004.（足立英之・石川城太・小川英治・地主敏樹・中馬宏之・柳川隆訳『マンキュー経済学［第2版］Ⅱマクロ編』東洋経済新報社，2008年）
(3) Stiglitz, Joseph E., and Walsh, Carl E., *Economics,* 2002.（藪下史郎・秋山太郎・蟻川靖浩・大阿久博・木立力・清野一治・宮田亮訳『スティグリッツ入門経済学第3版』東洋経済新報社，2008年，『スティグリッツマクロ経済学第3版』東洋経済新報社，2007年）
(4) Samuelson, Paul A., *Economics* 10th edition, 1976.（都留重人監訳『経済学　上・下［原書第10版］』岩波書店，1977年）
(5) 宮沢健一『現代経済学の考え方』岩波書店，1985年
(6) Robinson, Joan, "The Second Crisis of Economic Theory" 1971.（山田克巳訳『資本理論とケインズ経済学』日本経済評論社，1988年）
(7) 赤澤昭三『序説経済政策』税務経理協会，1996年

⑻　加藤寛編『改訂版　入門公共選択』三嶺書房，1999年

(注)

ⅰ）　Robinson, Joan, "The Second Crisis of Economic Theory"1971.（山田克巳訳『資本理論とケインズ経済学』日本経済評論社，1988年）pp.301−319.

第4章　経済学の丘
―― 市場経済の限界 ――

≪いぬ時のコラム④≫

- お散歩バッグは、必ず持って出かけてね。
- 後始末をしない飼い主が多すぎるよ。
- 他の人に**迷惑**(損害)をかけちゃうね。
- そのせいで、「ペット**お断り**」(規制)の公園やお店ができちゃった。
- それはおかしいわ。「いい加減な飼い主お断り」よ。
- マロンちゃん。きょうはさえてますね。

≪キーワード≫ 損害, 規制
第2節(2)で扱う。

第4章　経済学の丘

　第2章で述べたように，市場経済の基本は，完全競争市場において伸縮的な価格の変動によって最適な資源配分がなされるという市場機構が機能することである。しかし，現実の局面としては，市場が成立しても市場機構が十分に機能せずに非効率な場合や市場そのものの形成が困難であり市場では解決できない場合がある。このような局面を「**市場の失敗**」(market failure) または「**市場の欠陥**」という。

　「市場の失敗」の例としては，①**不完全市場**，②**外部効果**，③**公共財**，④**公益事業**などがある。以下これらの内容を詳しくみていく。

第1節　不完全市場

　第2章では，市場機構が機能するための条件として，完全競争市場を理論の前提としてきた。完全競争市場は，企業が多数存在することで，個々の企業は市場価格に何の影響力も持たない，すなわち企業はプライス・テイカー（価格受容者）として行動するものとされてきた。

　では，企業の数が少ない場合はどうであろうか。ある市場において企業の数が1社の場合，その市場を「**独占市場**」といい，その企業を「独占企業」という。また，ある市場において企業の数が少数または複数の場合，その市場を「**寡占市場**」といい，それら企業を「寡占企業」という。このような市場の場合には，独占企業または寡占企業は市場価格に対して影響力を行使できることから，市場機構はうまく働かない。以下では，独占市場および寡占市場について詳しくみていく。

(1)　独占市場

　独占市場においては，どのように価格と生産量が決定されるのであろうか。独占市場における需要曲線は，**独占企業**にのみ向けられることになるので，完全競争市場の場合とは異なり，【図表4－1】のように，右下がりの形状を

【図表4－1】　独占企業の需要曲線

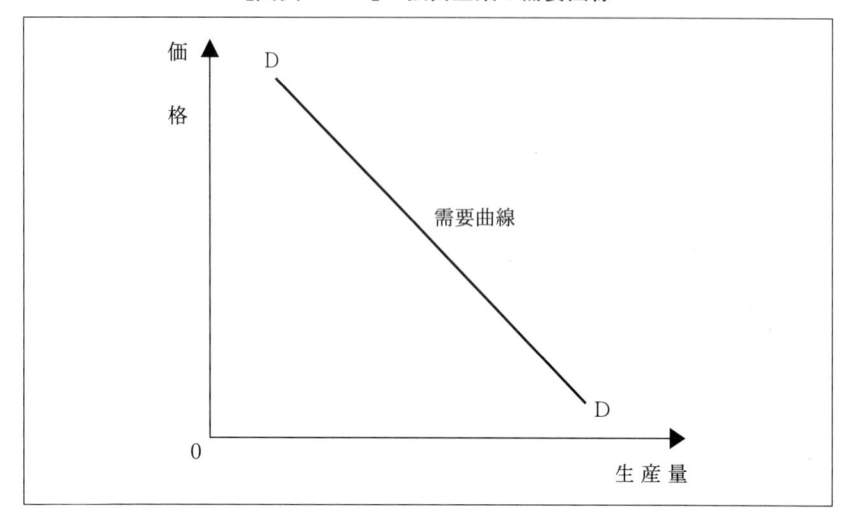

[図：縦軸「価格」、横軸「生産量」、右下がりの需要曲線DD]

描く。

　次に，独占企業の収入をみていく。企業が財の生産を増加し続ければ，それに応じて企業の総収入は増加する。しかし，第2章で述べたように，財の生産にあたっては限界生産力逓減の法則により，生産量を1単位ずつ追加して生産を行った場合に得られる収入は逓減すると考えられる。このときの生産量1単位追加生産した場合に得られる収入の増加分を**「限界収入」**（marginal revenue）という。

　【図表4－2】から，独占市場での価格決定の仕方をみていく。ここでは，**需要曲線**はDDで描かれている。また，**限界収入曲線**はMRで，**限界費用曲線**はMCで，そして**平均費用曲線**はACで，それぞれ描かれている。

　第2章で述べたように，企業にとっての**利潤最大化の条件**は，**限界収入と限界費用とが一致する点**（MR＝MC）である。

　【図表4－2】において，限界収入曲線MRと限界費用曲線MCとの交点は，Eである。この利潤最大化の条件を満たす交点Eに対応する生産量はHである。

　また，この交点Eに対応する独占企業に対する需要は需要曲線DD上の点F

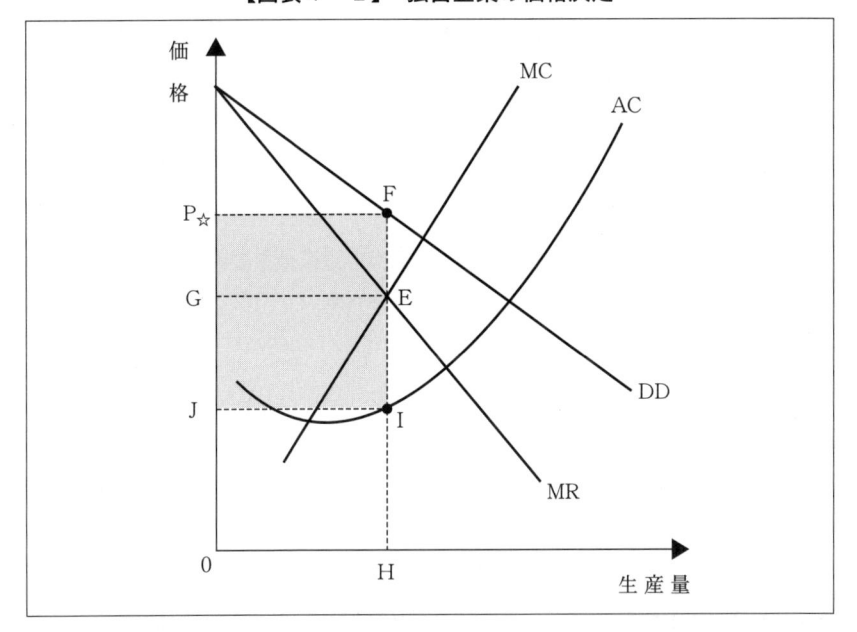

【図表4－2】 独占企業の価格決定

である。したがって，市場価格はP☆になる。この市場価格P☆を**独占価格**という。この財の独占価格はP☆であり，生産量はHであることから，企業の総収入はOP☆FHであり，総費用はOJIHである。企業の**独占利潤**は，企業の総収入OP☆FHから総費用OJIHを差し引いた値JP☆FIである。

(2) 寡占市場

寡占市場は，企業の数が**少数または複数**存在する市場である。寡占市場の場合は，市場における寡占企業がそれぞれどのような行動をとるかによってさまざまなケースがある。ある寡占企業が価格引下げを行った場合，相手企業もその価格引下げに対抗してさらに価格引下げを行うかもしれない。あるいは，ある寡占企業は相手企業と手を結ぶことによって，産出量を抑えて利潤を確保することになるかもしれない。寡占市場における企業行動としては，以下のような戦略的な選択が考えられる。

第1に，価格などについて寡占企業間で**協調的な行動**をとることである。

例えば，寡占企業が価格などで協定を結び，産出量を制限して，利潤の確保をすることを**カルテル** (cartel) という。また，寡占企業間での協定を結ばなくとも，市場において影響力を持つある寡占企業が価格の上げ下げを行うことで，他の企業がそれに追随するという場合，この寡占企業は**プライス・リーダー(価格先導者)** の役割を担ったことになる。さらに寡占市場において，ある寡占企業だけが企業規模が強大で，残りの企業が小規模企業の場合を「**ガリバー型寡占**」といい，このプライス・リーダーの役割をガリバー企業が担うことが予想できる。

寡占企業の行動を示す例として，ゲームの理論から「囚人のジレンマ」(prisoner's dilemma) の例を使ってみていくことができる。「囚人のジレンマ」とは，2人で共同して犯罪をおかした囚人Aと囚人Bが，それぞれ別室で取調べを受けた際に，「自白する」か「自白しない」かの選択を迫られたときの戦略に関するものである。

【図表4－3】において，(,)内の数字はそれぞれの刑期(年)を示しており，左の数字は囚人Aの刑期であり，右の数字は囚人Bの刑期であり，それぞれの(,)の数字の意味は，以下のとおりである。

囚人Aが自白し，囚人Bも自白した場合の刑期は両者ともに12年である。また，囚人Aも囚人Bも自白しなかった場合の刑期は，両者ともに5年である。

【図表4－3】 囚人のジレンマ

		囚人B	
		自白する	自白しない
囚人A	自白する	(12 , 12)	(0 , 20)
	自白しない	(20 , 0)	(5 , 5)

囚人Aが自白し、囚人Bが自白しなかった場合は、囚人Aは釈放され、囚人Bだけが20年の刑期となる。逆に、囚人Bだけが自白し、囚人Aが自白しなかった場合は、囚人Bは釈放され、囚人Aのみが20年の刑期となる。

取調べの際に、両者はそれぞれ取調官から「相手が自白しないで、自分だけが自白して犯罪を認めれば、釈放する」といわれているものと仮定する。

この場合、自分だけが自白して釈放され、相手が自白しないという選択肢が、自分にとって最大の利益を得ることができる。すなわち(0, 20)または(20, 0)を求めて、囚人Aも囚人Bも自白という行動を選択することになる。この結果、両者ともに、刑期0＝釈放という最大の利益を得ることなく、刑期12年になる。

このように、囚人のジレンマの意味するところは、**個人が自己の利益のみに目を向けて行動すると結果的には損失をこうむる**、ということである。

次に、この「囚人のジレンマ」のゲームから、寡占市場の最も単純な例として、企業が2社の複占の場合で考えることにする。

【図表4－4】には、A社とB社の2つの企業がいて、それぞれ産出量制限を行って利潤を確保するという協調的行動をとった場合と産出量制限を行わずに協調的行動をとらなかった場合とに分けて、それぞれの企業が得る利潤が示してある。

A社もB社も産出量制限を行って協調した場合には、ともに利潤10を得る。両社が産出量制限を行わないで協調行動をとらなかった場合（両社とも独自の生

【図表4－4】　カルテルのゲーム

		B 社	
		協調する （産出制限あり）	協調しない （産出制限なし）
A 社	協調する （産出制限あり）	A社　10 B社　10	A社　5 B社　14
	協調しない （産出制限なし）	A社　14 B社　5	A社　6 B社　6

77

産行動をとる場合）は，両社ともに利潤6である。A社が産出量制限を行い，B社が産出量制限を行わなかった場合，A社の利潤は5であり，B社は14の利潤を得る。その逆の場合は，A社の利潤は14であり，B社の利潤は5である。

　A社とB社はそれぞれ，自社の利潤を最大限にしようと行動すると仮定すると，A社もB社もより高い利潤の14を求めて，産出量制限を避けて協調的行動をとろうとはしない。この結果，A社もB社もともに利潤は6に落ち着くことになる。「囚人のジレンマ」のゲームにおいては，結果として，企業がカルテル破りを行い，カルテルは成立しない。

　この例でいえば，A社B社ともに協調的行動をとることがより大きな利潤を生むことをわかっているにもかかわらず，それを行わないのは相手企業がその協定を破るかもしれないという意識が働いていることにある。

　もちろんこの例は，一回限りのことであるから，長期的な企業の関係では新たな合意を得る形で，長期的なカルテルが結ばれることは十分可能である。

　寡占市場における企業行動の第2の戦略的行動は，寡占企業がその取引先を制限するような慣行であり，**制限的取引慣行**（restrictive practices）と呼ばれる。ある生産企業が特定の卸売り業者や小売業者に取引に関する販売権を与えることや，特定の卸売り業者や小売業者に競争相手企業の製品を扱わないように求めることなどである。

(3) 独占および寡占に対する政府の対応

　独占市場や寡占市場が存在する場合，明らかに競争は阻害される。また，効率的な資源配分あるいは経済効率性の観点からも無駄が生じる。そこで，このような不完全な市場に対して政府による介入が必要となる。

　独占市場に対しては，政府による価格や生産量などに対する規制や制限が加えられる。また，寡占市場に対しては，カルテルの禁止や制限的取引慣行の禁止などの措置が採用される。このような政府の対応を**独占禁止政策**という。日本では，その法的根拠として独占禁止法が制定され，公正取引委員会がその役割を担っている。

第2節　外部効果

　市場での取引活動が市場に参加していない第三者に対して，何らかの影響（効果）を及ぼす場合がある。このことを，「**外部効果**」(external effect) または「**外部性**」(externality) という。構造としては，【図表4－5】の状況をいう。

【図表4－5】　外部効果

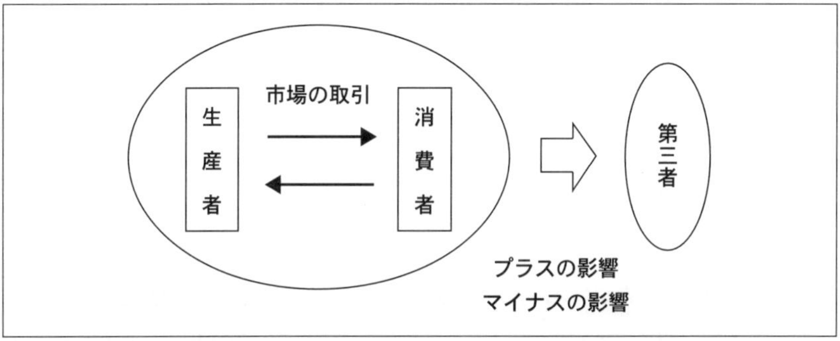

```
                市場の取引
    ┌───┐  →   ┌───┐        ┌───┐
    │生産者│       │消費者│  ⇒    │第三者│
    └───┘  ←   └───┘        └───┘

                        プラスの影響
                        マイナスの影響
```

(1)　外部経済

　市場での取引活動が，第三者に対して**プラスの効果（または利益）**を与える場合を「**外部経済**」(external economy) または「**正の外部性**」という。

　公園の噴水や彫刻，街路樹の木々の緑によって得られる爽快感や満足感は外部経済の例といえる。また，養蜂家と果樹園農家の関係は，双方ともに利益をもたらす外部経済の例といえる（【図表4－6】を参照）。さらに，後述する「公共財」もこの例といえる。

　外部経済の存在は，市場の取引活動が第三者に対して利益をもたらしていることから，その市場取引活動を促進することは社会的に望ましいことといえる。そこで政府は，外部経済を発生させるような市場取引活動に対して補助金などを交付して，その活動を促進する政策的な介入を行う。

【図表 4 − 6】 養蜂家と果樹園農家の関係

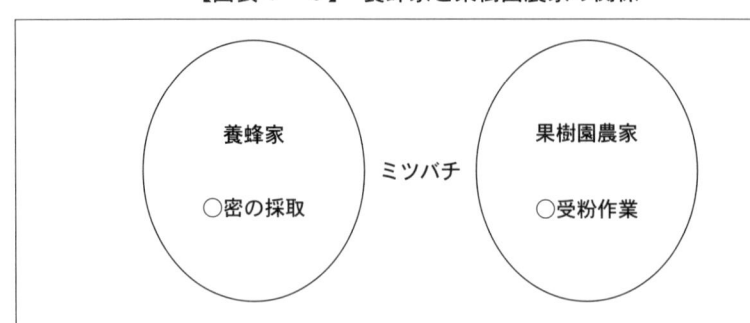

養蜂家　○密の採取　ミツバチ　果樹園農家　○受粉作業

養蜂家にとって，果樹園に咲く花はミツバチが蜜を集めるのに最適の場所であり，果樹園農家にとってミツバチが花々から蜜を集めることが受粉作業の効率化につながる。双方にとって，プラスの利益がもたらされる。

(2) 外部不経済

市場での取引活動が，第三者に対して**マイナスの効果（または損害）**を与える場合を「**外部不経済**」(external diseconomy) または「**負の外部性**」という。

外部不経済の代表例として，騒音や大気の汚染や水質の汚濁などの公害がある。日本の場合，1960年代の高度成長期に，企業の活発な生産活動が四大公害病（水俣病，新潟水俣病，イタイイタイ病，四日市ぜん息）にみられるような公害問題を顕在化させた。さらに，フロンガスや二酸化炭素などの温室効果ガスの排出に伴うオゾン層の破壊や酸性雨などの地球規模での環境破壊などもこの例である。

このような外部不経済に対しては，政府による規制が考えられる。騒音や大気汚染物質の排出に関する規制基準などは法律等で定められ，規制されている。**≪いぬ時のコラム④≫**の内容は，ペットの飼い主によって引きおこされる外部不経済のことである。また，外部不経済を出している企業に対してなされる課税は，企業に外部不経済を費用として認識させ，生産量の抑制を図るものである。この課税は「**ピグー課税**」(Pigovian tax)[i] と呼ばれる。このように政府が規制や課税により，第三者に対する損失を解決する方法を「**外部不経済の内**

部化」という。

　【図表4－7】では，ピグー課税が課されることによって，生産量の抑制がなされることを示している。ここで示された企業は外部不経済を出している企業（汚染企業）であり，縦軸に価格と費用を，横軸に生産量をとっている。限界費用曲線MCと市場価格Pが描かれている。利潤最大化の条件であるMC＝Pに従えば，財の生産量は均衡点Eに対応するXである。

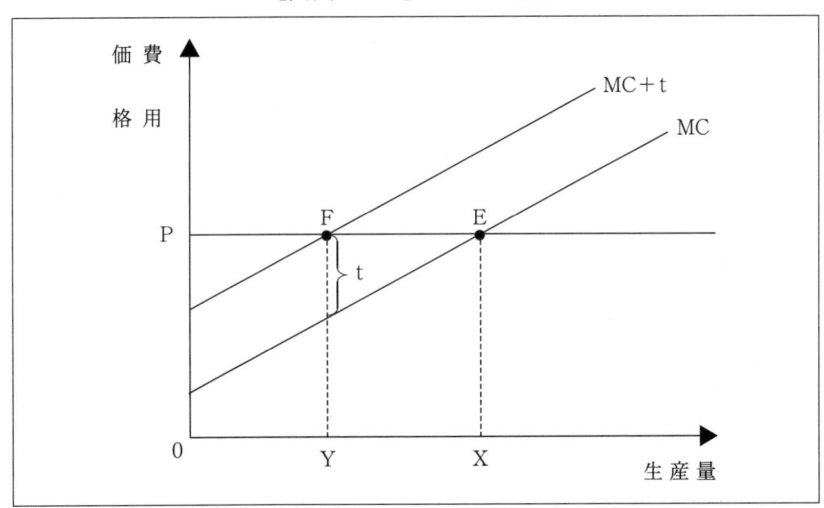

【図表4－7】　ピグー課税

　政府は外部不経済（汚染）を抑制するために，財の生産量1単位あたりtだけ課税する。それは，政府が外部不経済（汚染）を抑制するために，政府が社会的に望ましいと考えた財の生産量Yが実現できるように課税tを決定することになる。企業への課税後の限界費用曲線（MC＋t）が点Fを通るように上方にシフトすると，最適生産量はXから点Fに対応するYへと減少する。

　これがピグー課税による外部不経済の抑制の効果である。

　とはいえ，ピグー課税は外部不経済の抑制にはつながるが，その集められた税金が政府によってどのように使われるのかは，限定されていない。

(3) コースの定理

政府の規制や課税といった政策的な介入によることなく，経済主体の自主的な取引活動に任せておくことで，公害問題などの外部不経済（負の外部性）の解決の可能性を示したのが「**コースの定理**」(Coase theorem)[ii]である。「コースの定理」とは，外部不経済を出している企業と被害者との間での交渉に要する費用，すなわち**取引費用**(transaction cost)がかからなければ（取引費用ゼロであれば），どちらに法的な権利を配分しても，当事者の自発的な交渉で効率的な資源配分が達成できる，というものである。

ここでは，空港周辺住民の航空機騒音を例に考えてみよう。航空機の離着陸に伴う騒音被害を受けている住民は，航空機の離着陸の頻度が社会的に効率的な水準まで減少すれば，それによって失われる航空会社の利益を上回る便益を受け取ることができる。この場合，社会的に効率的な水準とは，社会的な利益が最大になるような資源配分である。周辺住民は，航空会社の利益を補填する代わりに，航空機の離着陸の頻度を社会的に効率的な水準まで減少させてもらうように，航空会社と取引することが可能となる。このことは，当事者間での取引によって，政府の市場介入なしに，効率的な資源配分が達成できることを意味する。この「コースの定理」は，外部不経済の解決法として，当事者の自発的交渉の道を示したという点で有意義なものである。

しかし，「コースの定理」の想定は，現実的とはいえない。「コースの定理」における取引費用ゼロの世界は現実には存在せず，それは新古典派経済学における理論上の世界である。これに対して，現実の世界は，まさに取引費用の存在する世界である。当事者間での交渉には時間や情報を集める費用（情報費用）や合意に至るための交渉に関わる費用（交渉費用）などの取引費用がかかる。取引費用ゼロという前提それ自体は非現実的である。

ジョージ・スティグラー(George Stigler)によって命名された取引費用ゼロの世界での市場的解決を示唆する「コースの定理」は，**ロナルド・コース**(Ronald Coase)本人の意図とは明らかに異なったものである。コース本人は，プラスの取引費用が存在することによる経済理論の再構築の必要性を強調して

いた点を考慮すれば，「コースの定理」がコース本人から独立して一人歩きをはじめたといえそうである。

第3節　公　共　財

(1)　公共財とその種類

　市場で取引される財の特徴は，その財の消費や利用にあたって費用負担した者のみがその財の消費や利用ができるということである。つまり，費用負担しない者の消費や利用は認められないということである。このことを「**排除原則**」または「**排除可能性**」という。一般に，この「排除原則」(排除可能性)が成立し，市場で取引される財を「**私的財**」(private goods)または「**民間財**」という。

　例えば，そば屋でもりそばを注文して食べることができるのは，その代金(費用)を支払うことのできる者だけである。もし，代金(費用)を支払えないのであれば，もりそばを食べることはできないであろう。また，代金(費用)を支払えないのにそばを食べたとすれば，無銭飲食という犯罪になる。この場合は，排除原則が成立しているといえる。

　これに対して，この排除原則(または排除可能性)が成り立たない場合がある。すなわち，財の消費や利用に関して費用負担しない者をその財の消費や利用から排除できないことを「**排除不可能性**」という。さらに，ある人の消費によってその財の消費量が減ることがないことを「**消費の非競合性**」という。このような2つの性格を持つ財を「**公共財**」(public goods)という。

　例えば，国家の安全にかかわる国防や警察などの治安維持活動や灯台などは，公共財の例といえる。

　もちろん，排除不可能性と消費の非競合性という2つの性格を厳密に適用して公共財を限定的に解釈する必要はない。公共財は，それらの性格によって，「**純粋公共財**」，「**準公共財**」に分けられる。その分類は【図表4－8】に示してある。

【図表4−8】 公共財の種類

	純粋公共財	準公共財	私的財
排除不可能性	○	△	×
消費の非競合性	○	△	×
具体例	国防，灯台	道路，公園	

純粋公共財とは，排除不可能性と消費の非競合性の2つが成立している財であり，前述した国防や灯台がこの具体例にあたる。**準公共財**とは，一部において排除可能であり，また消費において一部競合がみられる場合であり，道路や公園などがその例としてあげられる。そして，この排除不可能性と消費の非競合性がみられない財が私的財である。

公共財の供給は，民間企業によって提供されることは難しく，国や地方公共団体などの政府活動の一環として供給される。その場合，政府は税金による資金調達を行って公共財の供給を行う。この場合に問題となるのが，「**ただ乗り**」(free rider) の問題である。

(2) ただ乗り

「ただ乗り」とは，費用負担をしないで財の消費や利用から利益を得ることである。私的財の場合は，費用負担をしなければ，財の消費や利用から排除される。すなわち，排除原則（または排除可能性）が成立している。したがって，ただ乗りしたくてもできないのである。

ところが，公共財の場合は，費用負担しなくても財の消費や利用が可能であり，利益を得ることができる。すなわち，排除不可能性が成立している。

公共財のように費用負担者である納税者と受益者とが乖離している場合は，費用負担をしないで利益を得ようというただ乗りの誘因はより高まってくる。

第4節　公益事業

(1) 公益事業への政府介入

　第2章で説明したように，市場で取引される多くの財は，限界生産力逓減の法則が成り立っており，限界費用と平均費用が生産量の増加とともに増加する傾向をもつ。

　これに対して，**電力，ガス，水道，鉄道，電子通信，航空輸送**などは，事業当初に巨額の固定資本設備を必要とする反面，いったん設置されると，あとはわずかな費用（可変費用）のみで財やサービスを提供することができるため，限界費用と平均費用は供給量の増加とともに減少していく傾向がある。

　また，これらの産業分野によって提供される財やサービスは，国民の日常生活にとって不可欠であるため，その供給が困難な場合には国民生活に多大なマイナスの影響がもたらされる。

　さらに，これらの産業分野は，事業規模が大きいことで効率的に事業運営ができる（規模の経済性が働く）ために，1社または数社による財・サービスの提供が社会的な厚生を高めるとみられている。

　このような産業分野を「**公益事業**」(public utilities) または「**費用逓減型産業**」という。これらの事業は，民間企業での運営が難しく，政府による公企業化や補助金の投入など政府の**公的な政策的介入**が必要とされる。

　【図表4－9】において，縦軸に費用と価格を，横軸に供給量を示してある。平均費用曲線はACで，限界費用曲線はMCで示されている。また，DDはこの企業に対する需要曲線である。

　完全競争市場におけるパレート最適を達成するための条件（利潤最大化の条件）は，価格と限界費用とが一致する（P＝MCまたはD＝MC）ことである。

　限界費用曲線MCと需要曲線DDとの一致する点Eに対応する価格OZでパレート最適が達成され，このときの供給量はOIである。供給量OIのときの平

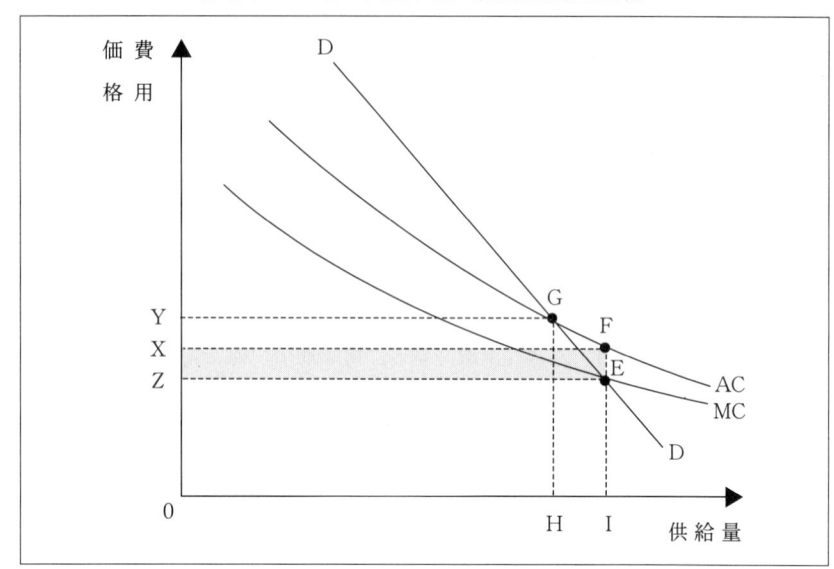

【図表4－9】　公益事業（費用逓減型産業）

均費用は，平均費用曲線AC上の点Fに対応するOXであるため，赤字ZXFEが発生する（総収入OZEI－総費用OXFIの部分）。この赤字の発生は企業の存続を不可能にすることになる。

　ここで，赤字を解消するために，価格を需要曲線DDと平均費用曲線ACとが一致する点Gに対応する価格OYにすると，供給量はOHとなる。ここでは，パレート最適は達成されないことになる。なぜなら，パレート最適の条件（P＝MCまたはD＝MC）を満たしていない。

　パレート最適を達成するためには，価格をOZに設定し，供給量はOIとし，赤字部分のZXFEについては政府による補助金によって援助することになる。公益事業といわれる分野では，政府の公的規制や公有化（公企業）といった政策的介入が行われる理由は，パレート最適の達成にあるといえる。

(2)　公益事業の規制緩和

　ところで，近年，公益事業に対する規制が緩和され，国有鉄道や電子通信分

野の民営化などの自由競争市場を指向する政策的な動きがみられる。この規制緩和と民営化の動きを理論付けたもののひとつとして「**コンテスタブル・マーケットの理論**」(the theory of contestable market) をあげることができる。この理論は，見かけ上自然独占的市場であっても，潜在的な参入企業の存在が市場への参入圧力となっているのであれば，公益事業に対する規制をなくすことで，社会的に望ましい資源配分は達成できるというものである。その場合，「**埋没費用**」(sunk cost) がゼロか，またはきわめて僅かであれば，潜在的企業による市場への参入は可能であり，自由競争が実現できるのである。

　埋没費用（サンク・コスト）とは，市場への参入時にかかる費用で，市場から退出する際に回収することが困難な費用のことである。例えば，コンサートの前売り券を事前に購入していたが，当日病気でコンサートに行くことができなかったとする。その場合，前売り券購入にかかった購入代金（費用）が埋没費用ということになる。

　通常，公益事業分野の場合，事業開始当初に巨額の固定資本設備がかかるために，市場から退出する場合に回収できる費用はごく僅かなものと考えられる。したがって，埋没費用は巨額になると考えられる。公益事業分野が政府などによる公企業形態の運営や政府の規制によっているのは，この埋没費用が巨額であるからでもある。

　ところが，「コンテスタブル・マーケットの理論」によれば，埋没費用がゼロまたは僅少であれば，公益事業分野でも競争は可能であると考える。公益事業の規制緩和や民営化にみられる市場主義的な政策展開の背景には，「コンテスタブル・マーケットの理論」の考え方が反映しているといえる。

　ここで，「コンテスタブル・マーケットの理論」の考え方から具体的な事例で考えてみよう。電子通信分野は，これまでひとつの政府系企業が市場を独占する形で運営されてきた。それは，この分野が公益事業（費用逓減型産業）であったからである。

　これに対して，近年のこの分野での規制緩和と民営化の政策によって，電子通信分野ではさまざまな企業の参入によって競争が激しく行われている。固定

電話の通信や固定電話機の機種，携帯電話の通信や携帯電話機の機種などの市場では，企業間の競争が激しくなってきている。これらの市場に新たに参入した企業からすれば，通信に関してはすでに設置してある電話線や施設を利用することで埋没費用は少なくてすむ。また，固定電話機や携帯電話機に関しては，すでにあるノウ・ハウを使えば埋没費用はほとんどかからないといえる。このことから，電子通信分野への潜在的企業の参入は，規制緩和や民営化によって容易になったと考えられる。

第5節　情報の非対称性

　完全競争市場では，市場における情報はすべて市場に参加する経済主体に十分に知らされている，という**完全情報**の世界が成立している。

　これに対して，現実の市場では経済主体間で持っている情報は完全ではなく，十分な情報を持つ者と情報を不十分にしか持たない者が存在する。生産者である企業は自らが提供する財やサービスに関して十分な情報を持っているが，消費者はその情報に関しては不十分な情報しか与えられていない場合がある。あるいは企業にとって有利な情報しか消費者に提供していない場合がある。すでに，ガルブレイスが指摘しているように，企業の行う広告や宣伝が消費者にとっては消費を誘導するものであり，財やサービスに関する十分かつ正確な情報といえるかどうか，疑う余地がある。

　このように，財の種類や性質や価格などの市場における情報が経済主体間で異なっている状態を「**情報の非対称性**」(asymmetry of information) という。

　この場合，情報に関して市場は不完全であるといえる。このような場合には，政府は消費者を保護するための政策的な介入を市場に対して行う。例えば，財やサービスを提供する企業に対して，誇大広告や虚偽の情報の提供をやめさせ，財やサービスに関する正確な情報を消費者に提供する義務を負わせる。また，違反した企業に対しては，厳しい罰則を与えるなどの措置を行う。食品の産地

偽装や食品への薬物混入問題は，この「情報の非対称性」の典型的な事例である。

また，逆のケースとして，保険契約の場合がある。保険会社は，その契約者である家計に関して不完全な情報しか持たないのに対して，契約者である家計は自分自身に関して十分な情報を持っている。このために，家計が虚偽の申告をすることで保険会社から不正に保険金を受け取るということがある。このような場合も，政府は家計に対して処罰を行うことで，「情報の非対称性」の問題の解決に取り組むことになる。

第6節　市場の失敗と政府の介入

これまで，「市場の失敗」の事例を詳しくみてきた。「市場の失敗」の事例は，いずれも市場それ自体では，市場の経済活動によって生じた問題の解決が困難な事柄であり，政府が市場の経済活動に対して政策的に介入することによって問題の解決が図られることになる。

その意味で，「市場の失敗」は政府による経済活動への政策的介入の論理的根拠を与えるものといえる。

第1に，独占や寡占などの不完全市場が存在する場合は，政府は自由な競争を確保するために，独占禁止政策や競争促進政策を展開することで独占や寡占のもたらす弊害を除去しようとする。

第2に，外部経済がある場合には，政府は積極的にその市場活動を支援するために補助金などの資金援助を行う。これに対して，外部不経済がある場合には，政府はピグー課税の導入によって外部不経済の発生を抑制することや，規制を加えることで外部不経済の発生を制限する。

第3に，公共財に関しては，それ自体民間企業による供給が困難であり，政府による供給が行われる。さらにその費用は税金の形で調達される。

第4に，公益事業分野は，それ自体民間企業での提供は難しく，産業の公有

化や公企業による運営がなされる。

　第5に，市場における情報それ自体非対称的であり，政府による情報の対称化や情報の非対称性により生ずる問題を解決する措置がとられる。

　このように，「市場の失敗」は，政府による市場への政策的介入のための理論的根拠となっている。

　とはいえ，この「市場の失敗」の事例の中でも，外部不経済に対する「コースの定理」や公益事業に関する「コンテスタブル・マーケットの理論」のように，政府介入による問題解決の道ではなく，市場活動そのものによる問題解決の道が示されているのが，最近の経済学の展開である。

【参考文献】
(1) Mankiw, N. Gregory, *Principles of Economics,* 2004.（足立英之・石川城太・小川英治・地主敏樹・中馬宏之・柳川隆訳『マンキュー経済学［第2版］Ⅰミクロ編』東洋経済新報社, 2008年）
(2) Stiglitz, Joseph E., and Walsh, Carl E., *Economics,* 2002.（藪下史郎・秋山太郎・蟻川靖浩・大阿久博・木立力・清野一治・宮田亮訳『スティグリッツ入門経済学第3版』東洋経済新報社, 2008年,『スティグリッツミクロ経済学第3版』東洋経済新報社, 2007年）
(3) Stiglitz, Joseph E., *Economics of the Public Sector,* 2002.（藪下史郎訳『公共経済学』上・下東洋経済新報社, 2003年, 2004年）
(4) 井堀利宏『経済政策』新世社, 2003年
(5) 加藤寛・浜田文雅編『公共経済学の基礎』有斐閣, 1996年
(6) 髙橋真『制度主義の経済学－ホリスティック・パラダイムの世界へ－』税務経理協会, 2002年
(7) 赤澤昭三『序説経済政策』税務経理協会, 1996年

（注）
ⅰ） 厚生経済学者（welfare economist）で，ケインズの師匠にあたるアーサー・C・ピグー（Arthur C. Pigou）が考案した外部効果に対する課税政策である。
ⅱ） 「コースの定理」そのものは，ジョージ・スティグラー（George Stigler）によって命名されたものである。コースとは，新制度経済学（new institutional economics）の第一人者のロナルド・コース（Ronald Coase）のことであり，ここで示される取引費用の概念をはじめて経済学に取り入れた功績がこの定理につながっているとみることができる。

第5章　経済学の草原
―― 経済政策の理論 ――

≪いぬ時のコラム⑤≫

きょう，ワクチンのお注射をしました。

狂犬病・フィラリア・ダニ対策は万全にしないとね。
(政策)

<u>タイミングを逃す</u>
(時間的な遅れ)
と，大変になるよ。

私はいつも早め早めに食べているわ。

早め早めは食べることじゃなくて，飼い主の対応ですよ。

飼い主選びは，犬の腕の見せ所というところかしらね。

≪キーワード≫ 政策，時間的な遅れ
本章全体で扱う。

第5章　経済学の草原

　私たちの経済生活において，政府の経済活動は重要な役割を担っている。第4章で扱った市場機構が機能しない「市場の失敗」の事例では，政府による市場経済への政策的介入によって，市場では解決できない問題の解決がはかられることをみてきた。

　そこで，本章では経済に対する政府の関わり方をより詳しくみていくことにする。

第1節　経済政策論とその方法

(1) 経済政策と経済政策論

　政府による公共的な目的を達成するために採用する手段の選択を**経済政策**（economic policy）という。経済政策における重要な要素として，①**経済政策の主体**（subject），②**経済政策の目的**（purpose, object），③**経済政策の手段**（means, measure）がある。すなわち，**経済政策**とは，政策主体としての政府あるいはその代行機関（中央銀行など）が政策目的の実現のために採用する政策手段のことである。

　また，**経済政策論**とは現実の経済政策や経済政策の論理を研究する経済学の一分野である。経済政策論には，大きく分けて，以下の2つの領域がある。

　第1は，「**経済政策原理論**」（または「一般経済政策論」）である。これは，経済政策論の学問的性格を明らかにする「経済政策方法論」や経済政策の主体・目的・手段・政策決定プロセスを扱う「経済政策基礎理論」である。

　第2に，農業政策や工業政策などの個々の問題事例に関連した経済理論の応用としての「**特殊経済政策論**」である。

　したがって，経済政策論は経済政策の論理の探求と経済理論の具体的応用という観点から捉えることができる。その場合，ある望ましい経済状態（政策目的）を前提にして，現実の経済状態をその望ましい状態に近づけるためにはどのような手段（政策手段）が採用されるべきかを検討するのである。

(2) 経済政策論と価値判断

　経済政策論は，ある望ましい経済状態（政策目的）を実現するために，どのような政策手段の選択が適切かということの分析に関わる学問であることから，政策目的実現のための望ましい政策手段の組み合わせを明示することが求められる。

　この場合，ある「望ましい」経済状態，あるいは「適切な」政策手段といった判断を「**価値判断**」（value judgment）という。経済政策論では，この価値判断が求められることになる。

　ところで，第1章で述べたように，価値判断それ自体，事実認識とは異なり主観的なものである。

　「私はパンが好きである」や「授業中に居眠りをするのは悪いことである」や「日本人は茶髪にするべきではない」などの文章は主観的内容を含んでおり，事実認識とは異なり，価値判断を含んでいる文章である。

　価値判断は主観的であり，人々との意見の対立が存在する。そのため，人々を説得することが必要になる。経済政策論においても，具体的な政策目的や政策手段の選択に関して人々の意見の対立が存在し，説得が必要となる。

　この場合，価値判断は主観的であることから，価値判断を含む経済政策論に対しては，客観的でなく科学性に乏しいという議論が起こり得る。つまり，経済政策論に対する客観性と科学性の問いかけがなされる。

　これに関する経済政策論の立場は，価値判断それ自体は主観的であるとしても，前述した「私はパンが好きである」や「授業中に居眠りをするのは悪いことである」といった価値判断は個人的な好みに基づいた価値判断であるのに対して，経済政策論が取り扱う価値判断は，「経済の安定」や「人命の尊重」や「人間福利の向上」といった多くの人々が普遍的なものとして希求する客観性を持つ価値判断といえるものである。

第2節　経済政策の主体と目的

(1) 経済政策の主体としての政府

　経済政策の目的を決定し，それを実現するための政策手段を採用し実行するものを**政策主体**といい，その役割を担うのは**政府**（government）である。政府は，直接政策目的と政策手段の体系を選好する**政策作成者**（policy maker）である。政治的には民主主義制度を採用していることから，政府の政策選好は国民の政策選好に依存することになる。

　しかし，現実には政府の政策選好と国民の政策選好とが必ずしも一致するとは限らない。また，政府は特定の政党（与党）から構成されていることから，政府の政策選好は特定の階層やグループの政策選好に関連性を持つ。このことは，第6章で扱うことにする。

　現代の経済体制は，民間企業の経済活動と政府の公共的経済活動とが並存する**混合経済**（mixed economy）である。混合経済では，自由競争の市場経済を経済の基本としながら，市場機構が十分に機能しない「市場の失敗」の場合には政府の経済介入がなされる。そして，現代においては，政府の経済活動なしに国民生活は成り立たない。政府の経済活動は大きな役割を担っているといえる。

(2) 経済政策の目的

　現代の国内経済において，解決が求められている経済問題として，以下のような問題が考えられる。

① 完全雇用
② 物価の安定
③ 経済の成長
④ 所得と富の格差是正

⑤　地域経済の活性化
⑥　消費の安全性の確保
⑦　農業の保護・育成
⑧　環境破壊の抑制　など

　これらの諸問題の中で,「どの問題を優先的に解決するべきか」ということ,すなわち,「どの政策目的を優先するか」は,価値判断に依存する。前述した①から⑧の問題は,**個別具体的な目的**である。

　これに対して,「国民福祉の向上」や「国民全体の利益」あるいは「社会的正義の実現」といった目的は一般的・抽象的なものであり,多くの国民が希求する「**究極の目的**」または「**より高次の目的**」といえる。

　経済政策の目的の中で,究極の目的(より高次の目的)と個別具体的な目的とを比較した場合,政府が直接関わるのは個別具体的な目的である。また,個別具体的な目的と究極の目的との関係を識別することは,目的と手段の対応を図るのに重要である。

　経済政策の目的の間には,以下のような関係がある。

　第1は,**独立の関係**である。

　ある政策目的を実現することが,他の政策目的の実現にとって何ら影響を及ぼさないことをいう。例えば,完全雇用という目的を実現するために道路や橋の建設といった公共投資の増加という手段を選択した場合,タバコなど体に有害な財の消費を抑えるといった個人消費パターンの改善という政策目的には何ら影響を及ぼさない。この場合,完全雇用と個人消費パターンの改善とは独立の関係にあるといえる。

　第2は,**補完の関係**である。

　ある政策目的を実現することが,他の政策目的の実現にとってよい影響をもたらすことをいう。例えば,完全雇用という目的を実現するために道路や橋の建設といった公共投資の増加という手段を選択することは,経済の成長という政策目的を実現することに貢献する。この場合,完全雇用と経済成長は補完の関係にあるといえる。

第3は，**競合（対立）の関係**である。

ある政策目的を実現することが，他の政策目的の実現にとってマイナスの影響をもたらすことをいう。例えば，完全雇用という目的を実現するために道路や橋の建設といった公共投資の増加という手段を選択することは，結果として，物価の上昇をもたらすことになり，物価安定という政策目的とは相反する結果をもたらすことになる。この場合，完全雇用と物価安定は競合または対立の関係にあるといえる。

【図表5－1】には，政策目的相互の関係を整理してある。

【図表5－1】　政策目的相互の関係

政策手段	政策目的A	政策目的B	政策目的AとBの関係
公共投資の増加	完全雇用	個人消費のパターンの改善	独立
		経済成長	補完
		物価の安定	競合（対立）

第3節　経済政策の手段

経済政策の手段とは，経済政策の目的を達成するために，政策主体である政府にとって**採用可能な道具（tool）**のことであり，財政政策手段，金融政策手段，制度の変更などがある。

(1) 財政政策

財政政策（fiscal policy）とは，国や地方公共団体の財政（歳入と歳出）を経済政策の目的を達成するための手段として機能させることである。財政政策の

手段としては，以下の3つの方法がある。

第1は，**財政収支のバランスの操作**である。財政の黒字幅や赤字幅を増減させることによって，物価の安定や完全雇用など国民経済全体のマクロ経済政策の目的を達成しようとすることである。これは，**ケインズ政策の基礎**となっている。

第2は，**財政支出の操作**である。社会保障関係支出の増減や企業向けの補助金支出の増減や公務員給与の変更など，財政支出（歳出）の各項目の調整やその構成を変更することによって，経済政策の目的を達成しようとすることである。

第3は，**財政収入（歳入）の操作**である。政府活動の主要財源である租税収入の増減や変更によって，経済政策の目的を達成しようとすることである。これは，**租税政策**（tax policy）といわれる。

租税は，納税の仕方によって，直接税と間接税とに分けられる。**直接税**は，納税者が直接税金を納めるもので，所得税，法人税，相続税，固定資産税などがこの税である。これに対して，**間接税**は，納税者が自分以外の第三者の手を通じて間接的に税金を納めるものであり，消費税，タバコ税，酒税，ガソリン税などがこの税にあたる。例えば，所得税は納税者が自らの所得から直接税金を納めるので，直接税である。他方，消費税は，財やサービスを購入するときに財やサービスの本体価格に税金部分が上乗せされていることで，消費者に代わってその財やサービスの販売者が間接的に税金を納めるので，間接税である。

ただし，労働者の場合には，使用者である企業が**源泉徴収**という形で，給与支給額から所得税部分を差し引いて間接的に税金を納めている。労働者以外の自営業者などは直接**申告**という形で税金を納めている。この労働者とそれ以外の自営業者との間の納税方法の違いは，**税の不公平**という問題を含んでいる。

さらに，租税収入を直接税と間接税のどちらに，またどのように依存するか，という**直間比率の問題**もある。租税に関する政策の実施は，増税の場合にしろ減税の場合にしろ，政治的な影響が大きいために，政策の実施による効果とは別に，**政治問題化**する傾向がある。

【図表5－2】　直接税と間接税

	直　接　税	間　接　税
定　義	納税者自身が直接納める	納税者が第三者を通じて納める
具体例	所得税，法人税，相続税	消費税，酒税，ガソリン税

(2)　金融政策

　金融政策（monetary policy）とは，**中央銀行**[i)]を政策主体として**通貨供給量と信用の調整**を図ることで，経済政策の目的を達成しようとすることである。一般に，**通貨**（currency, money）とは，日本銀行券や補助貨幣（硬貨）である現金通貨と当座預金や普通預金などの預金通貨と定期性預金や譲渡性預金などが含まれる。

　金融政策の手段として，以下の3つの手段がある。

　第1の政策手段は，**金利政策**である。中央銀行が銀行などの市中金融機関に貸出す**金利**を操作することや短期市場金利を誘導することによって，通貨供給量の調整を図るものである。

　金利の引上げは，通貨供給量を抑制する働きがあり，インフレーションの対策などで効果を示す。このことから，**金融引締め政策**といわれる。

　他方，金利の引下げは，通貨供給量を増加させる働きがあり，不況対策などで効果を示す。このことから，**金融緩和政策**といわれる。ただし，金利自由化が進む中にあっては，金利政策の効果は薄れているといえる。

　第2の政策手段は，**支払準備率操作または法定準備率操作**である。**支払準備率**とは，市中金融機関の預金量の中で，支払準備のために中央銀行に預け入れなければならない一定比率をいう。

　支払準備率を引き上げると，市中金融機関は受け入れている預金の中で，中

央銀行に預け入れる支払い準備金が増加し，新たに外部に貸し出しできる資金量が減少する。このため，市中の通貨供給量は抑制され，**金融引締め**の効果を持つ。

他方，支払準備率を引き下げると，市中金融機関は受け入れている預金の中で，中央銀行に預け入れる支払い準備金が減少し，新たに外部に貸し出しできる資金量が増加する。このため，市中の通貨供給量は増加され，**金融緩和**の効果を持つ。

第3の政策手段は，**公開市場操作（オープン・マーケット・オペレーション）**である。公開市場操作とは，中央銀行が手持ちの国債などの債券や手形を市場で売買することによって，通貨供給量の調整を図るものである。

中央銀行が手持ちの債券や手形を市場で売ることを，「**売りオペ**」という。売りオペは，中央銀行が債券や手形を市場で売ることにより，その代金としての通貨を市中から吸収することになる。この結果，市中の通貨供給量は抑制され，**金融引締め**の効果を持つ。

また，中央銀行が手持ちの債券や手形を市場で購入することを，「**買いオペ**」という。買いオペは，中央銀行が債券や手形を市場で購入することにより，その代金としての通貨を市中に放出することになる。この結果，市中の通貨供給量は増加され，**金融緩和**の効果を持つ。

これらの金融政策手段は，不況やインフレーションといった経済状態に応じて中央銀行によって採用される。【図表5－3】はこれらの手段を整理したも

【図表5－3】　金融政策の手段

金利政策	支払準備率操作	公開市場操作	効　　果	通　貨　量
金利引上げ	準備率引上げ	売りオペ	金融引締め	減　　少
金利引下げ	準備率引下げ	買いオペ	金融緩和	増　　加

のである。

(3) 制度の変更（制度改革）

前述した財政政策は，財政収入や財政支出の増減といった調整によって経済政策の目的を達成しようとするものである。同様に，金融政策は通貨供給量の調整によって経済政策の目的を達成しようとするものである。この2つの政策に共通していることは，財政の収支や通貨供給量といった数量の調整によって政策目的の実現を目指すという点で，「**数量的政策**」（または「**量的政策**」）という性格を有している。

これに対して，経済政策の目的を達成するために，さまざまな**経済制度の変更や経済の仕組みそのものの変更**が行われる。これは，数量的政策に対して「**質的政策**」という性格を有している。

そのひとつとして，**為替相場制度の変更**がある。**為替相場**とは，国内通貨と国際通貨との交換比率のことであり，戦後日本は1ドル＝360円という**固定為替相場制度**を採用していた。1971年のニクソン・ショック後の1973年に，日本はその時々の国際通貨の需給によって自由にその相場が決定される**変動為替相場制度**に移行して，現在に至っている。

第2として，**公企業の民営化と政府による規制緩和（または規制の撤廃）**がある。これらの実施は，それぞれの市場における競争を促進し，経済の効率化を目指すことから「**市場主義政策**」とも呼ばれる。1980年代に行われた日本国有鉄道の民営化（現在のJR）や日本電信電話公社の民営化（現在のNTT）と新規参入企業による競争，さらには2000年代に入ってからの郵政省の解体と郵政事業の民営化（現在の郵便事業会社や郵便貯金会社など）は，それまで国が行ってきた企業運営を民間企業経営に移行するとともに，新たな企業の参入を認めるという制度の変更である。また，米の生産と消費に関する国家管理（二重価格制度）をやめ，自由な市場取引に移行する制度の変更もこれにあたる。

第3に，前述した**財政政策や金融政策に関連した制度の変更**がある。財政政策との関連では，税率の引上げや引下げといった数量の調整ではなく，新たな

税の導入や廃止などの**租税制度の変更**がある。1989年に導入された**消費税**は新税の創設であり、租税制度の変更を意味する。消費税は導入当初税率3パーセントであったが、1997年に5パーセントに引き上げられたことは数量的調整である。また、2000年から新たに導入された高齢者に対する介護サービスの給付とその保険料負担を示した**介護保険制度**は社会保障制度の変更である。

金融政策に関連したものとして、1996年から実施された「**金融ビッグバン**」によって銀行業・証券業・保険業それぞれの業種間での取扱商品の自由化という金融制度改革や独占禁止法で禁止されていた持株会社が解禁され1998年から持株会社の設立が許可されたことは、金融制度の変更である。

さらに、自由競争経済の理念には反するものの、政府が直接経済活動に制限を加える**直接統制**がある。これは、戦時下や戦後の経済の混乱期に採用される政策であり、自由競争を原則とする経済では特殊な政策といえる。ただし、社会主義・計画経済の国家では常態化した政策といえる。

(4) ポリシー・ミックス

政府が直面している経済問題は複数存在する。そのため、政府が経済政策の目的としてあげるものも複数存在する。**複数の政策目的を同時に追求する場合には、政府は複数の政策手段の組み合わせを採用する。**この場合、政策目的の数と同数かあるいはそれ以上の政策手段が複数の政策目的を同時に達成するために必要となる。このように、複数の政策目的を同時に達成するために複数の政策手段を組み合わせることを、**ポリシー・ミックス**（policy mix）という。

ここでは、国内不均衡と国際収支不均衡を同時に解決する場合についてみていく。国内では需要不足により超過供給の状態から不況が懸念される一方で、国際収支の赤字が発生している場合には、国内的には需要不足の解消のために公共支出を拡大することで総需要の増加をもたらして、国内不均衡の解決を図る。他方、国際収支の赤字を解消するために、金利引上げ（金融引締め）政策を実施することで、海外からの資金の流入を促して（資本収支の改善）国際収支の赤字の解消に向かう。このように、国内不均衡には財政政策で対処し、国際収

支不均衡には金融政策で対処するという政策手段の組み合わせは、ポリシー・ミックスである。

第4節　経済安定化政策

　国民経済には、景気変動による国民所得水準の変動や失業や物価変動(インフレやデフレ)などが存在する。国民生活の安定のためには、このような経済変動をなくし、完全雇用を維持して安定させる必要がある。このような経済の安定化を政策目的とする政策手段を**経済安定化政策**という。

(1)　財政政策による経済安定化政策

　経済安定化のための政策において、中心的な役割を担っているのが、**財政政策**である。
　ここでは、第3章第4節で述べた、**ケインズの有効需要の原理**の立場から、財政政策による経済安定化政策についてみていく。ケインズ経済学によると、**経済変動は現実の総需要と総供給能力との間のギャップが原因**である。
　外国との経済取引を捨象すれば、総需要(D)は家計の消費支出(C)と企業の民間投資(I)と政府の公共支出(G)の合計に等しい。すなわち、

　　$D = C + I + G$

である。
　【図表5－4】では、縦軸に国民総支出または総需要(D)を、横軸に国民所得(Y)または国民産出量を示している。45°線は総需要と総供給との一致を表している。
　いま総需要をDeと仮定すると、45°線との交点Eで総需要と総供給が均衡する。このときの国民所得はYeであり、この国民所得Yeを**完全雇用国民所得**とする。完全雇用国民所得とは、すべての労働者やすべての機械設備がフルに稼動し、遊休資源がない状態で得られた国民所得という意味である。

103

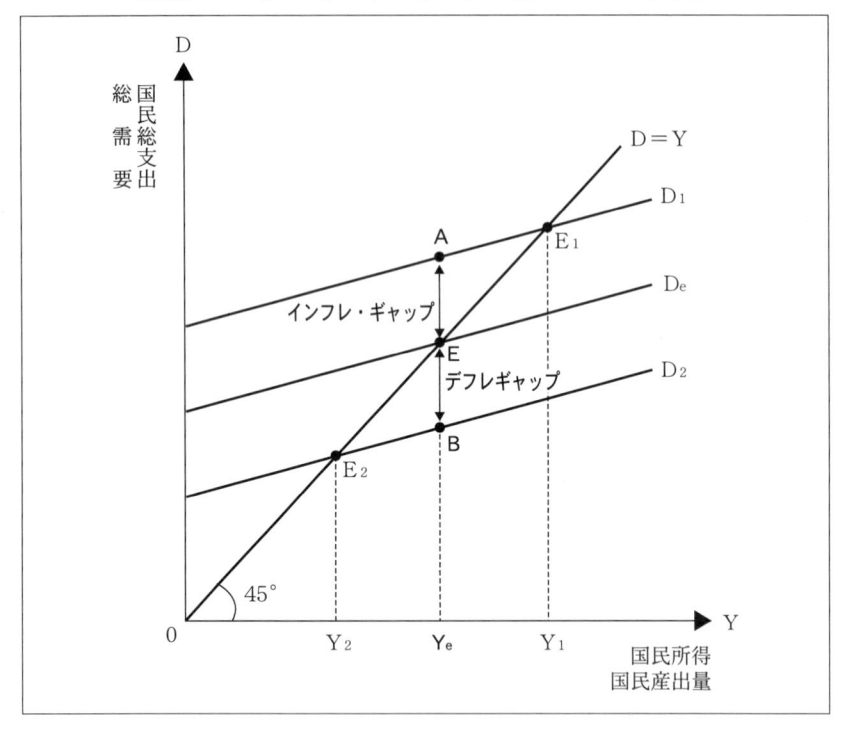

【図表5－4】 インフレ・ギャップとデフレ・ギャップ

［図中のラベル：D 総需要 国民総支出、D＝Y、D_1、D_e、D_2、A、E_1、E、B、E_2、インフレ・ギャップ、デフレギャップ、45°、0、Y_2、Y_e、Y_1、Y 国民所得 国民産出量］

　総需要がD_eからD_1に上方にシフトする場合，45°線との交点はE_1であり，総需要D_1に対応する国民所得はY_1である。国民所得Y_1は，完全雇用国民所得Y_eを超えている。

　しかし，Y_eが完全雇用国民所得であることから，Y_eを超える生産は現実には不可能である。このとき，**インフレーション**が発生する。その大きさは，総需要D_eと総需要D_1との間の差，すなわちAEである。このAEの部分を「**インフレ・ギャップ**」という。

　この場合，AE部分の独立支出を削減することによって，インフレーションを解消することができる。そのためには，政府による公共支出の削減や個人消費を抑えるための増税といった財政政策が有効である。

　他方，総需要がD_eからD_2へと下方にシフトする場合，45°線との交点はE_2

【図表5－5】 裁量的財政政策（ケインズ政策）

	経 済 状 態	公共支出	租税政策
インフレ・ギャップ	景気過熱 インフレーション	削　　減	増　　税
デフレ・ギャップ	不況（失業，企業倒産） デフレーション	拡　　大	減　　税

であり，総需要D_2に対応する国民所得はY_2である。国民所得Y_2は，完全雇用国民所得Yeを下回っている。

　Yeが完全雇用国民所得であることから，労働者，機械設備，資源の一部は使われていないことが考えられる。このとき，**失業**が発生する。その大きさは，総需要Deと総需要D_2との間の差，すなわちBEである。このBEの部分を「**デフレ・ギャップ**」という。

　この場合，BE部分の独立支出を増加することによって，完全雇用を達成することができる。そのためには，政府による公共支出の拡大や個人消費を増加させるための減税といった財政政策が有効である。

　このように，政府の公共支出や租税による財政中心の政策運営は，**ケインズ政策**と呼ばれる。また，これらの財政政策は政府の判断で自由に行うことができるので，「**裁量的財政政策**」とも呼ばれる。

　ところで，裁量的財政政策を中心とするケインズ政策は，その効果は大きなものがあるとしても，政策の策定から実施による効果までの間には，「**時間的な遅れ（タイム・ラグ）**」が生じる。なぜなら，政策の策定，議会での承認，関連機関との調整，政策の実施とその効果の発生には多くの時間が必要とされるからである。したがって，この裁量的財政政策は，政策の有効なタイミングを逃す可能性がある。

(2) 自動安定装置

前述した裁量的財政政策による経済安定化政策には,「時間的な遅れ」という問題がある。この問題を解消するために,財政制度の中にあらかじめ自動的に経済を安定化させるための仕組みが組み込まれている。これを「**自動安定装置(ビルトイン・スタビライザー)**」という。

自動安定装置には,所得税にみられるような累進課税制度や雇用保険制度などがある。**累進課税制度**とは,所得の増加に応じて税率が高くなる租税制度である。そのため,所得が増加すると税負担も増加し,そのことが消費の伸びを抑えて,総需要の増加効果を小さくする。他方,所得の減少は税負担の軽減となり,そのことが消費の伸びを引き上げて,総需要の増加効果を促すことになる。

また,**雇用保険制度**とは労働者が失業した場合に,保険給付を受けることで,一定の所得を確保できる制度である。雇用保険制度の場合は,景気がよくなると失業者は減少するので,保険支給額が減少して消費を抑える効果がある。逆に,景気が悪化すると失業者が増加するので,保険支給額が増加して消費の落ち込みを防ぐ効果が期待できる。

このように,自動安定装置には裁量的財政政策が採用されない場合でも,景気の変動に応じた経済安定化の効果が期待できるという特徴がある。

第5節　特異な経済政策の議論－通説の誤り－

これまで示してきた経済政策の議論は標準的なものであり,異論をさしはさむ余地が少ないものである。

しかし,経済政策の議論の中には,経済学的な通説とは異なる論理展開から導き出されて実施された経済政策や実施はされなかったものの支持を集めた特異な経済政策の議論がある。そのような事例を次にみていく。

(1) サプライ・サイドの減税政策－ラッファー・カーブ－

　ケインズ政策が経済の需要側面を重視した財政政策を中心にした政策運営を主張したのに対して，生産企業を含む経済の供給面を重視した経済学として「**サプライ・サイド経済学**」(supply side economics) がある。サプライ・サイド経済学は，第3章第3節で述べたスタグフレーションを克服するためには，生産の鈍化を防止することが必要であると考えた。そのためには，減税政策を行うことで，労働者の生産意欲を高め，企業の投資意欲を高めて，生産活動を活発化することが重要であると考えた。また，通常は減税によって税収は減少すると考えられるが，財政を黒字にする効果を持つものと考えられた。

　この減税政策は，**ラッファー・カーブ**によって説明することができる。

　【図表5－6】において，縦軸に税収をとり，横軸に税率をとる。税率がゼロの時は，税収もゼロである。税率を少しずつ上げていけば，税収はそれに応じて増加する。他方，税率が100パーセントの時は誰もが働く意欲を失うので，税収はゼロである。100パーセントの税率を少しずつ下げていけば，手元に少しは収入が残るので働く人々が出てくるので，次第に税収は増えてくる。税率

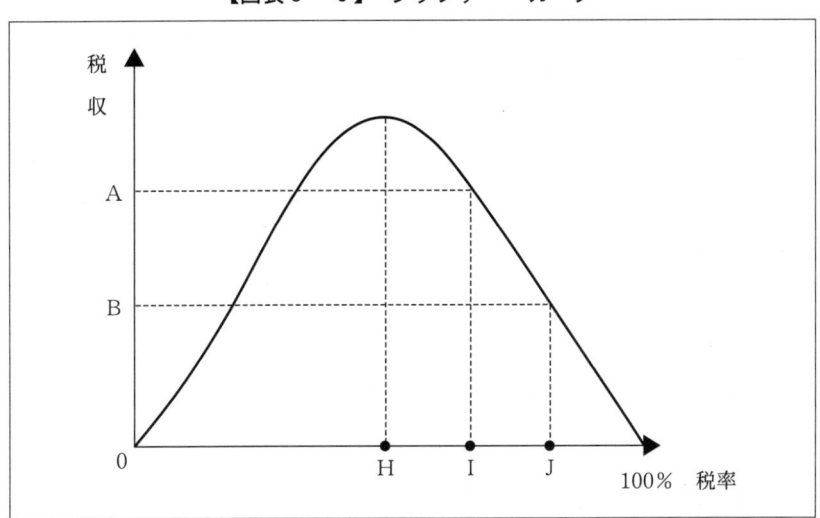

【図表5－6】 ラッファー・カーブ

を上げていくとある点（点H）を境に，人々は働く意欲を失うことで税収は減少し始める。

現行税率が点Jであるとすると，このときの税収はOBである。ここで，税率を点Jから点Iに引き下げることで税収はOBからOAになり，AB分だけ税収は増加する。

したがって，減税政策によって労働者の労働意欲は高まり，企業の生産活動も活発化し，さらに税収の増加も見込めるというのが，ラッファー・カーブの意味するところである。

しかしながら，これにはいくつかの問題点がある。第1に，現行税率が点Hよりも右側であるという確かな証拠がないこと。第2に，ラッファー・カーブの形状それ自体が検証されたものではないこと。さらに，税の持つ効果を労働意欲や生産意欲と単純に結び付けていること，などである。

とはいえ，1980年代のアメリカでは，レーガン減税としてこの政策が実施され，その後アメリカは双子の赤字（財政赤字と貿易赤字）に苦しむこととなった。

(2) デフレ対策としてのインフレ・ターゲット

第3章で示したように，一般物価水準が持続的に下落することを「デフレーション」といい，それは不況期に現れる経済現象である。そのため，一般的には，デフレ対策は不況対策としてのケインズ政策による総需要拡大の財政政策での対応が可能であるとみられている。また，金利引下げ政策もその効果が期待できると考えられる。

日本では，1990年代以降の平成不況期に深刻化した物価下落の状況に対して，政策当局が物価上昇率の目標を設定して意図的にインフレーションを引き起こすことが望ましい，という考え方が一部の政治家や経済学者の中で示された。これが「**インフレ・ターゲット**」である。すなわち，金利の引下げが経済的効果を示すことができないため，日本銀行による国債の大量引き受けによってインフレーションを意図的に引き起こすことを求めたものである。

しかしながら，本来，インフレ・ターゲットとは，静かにインフレーション

が進行する状態の中で，駆け足のインフレやハイパー・インフレになることを防ぐために，中央銀行が目標となる物価上昇率を定めて，物価上昇率をその一定範囲内におさめるように努力することをいう。経験的事例としては，1980年代から1990年代初めに，イギリス，ニュージーランド，オーストラリアなどで導入されている。

このように，インフレ・ターゲットとは**インフレ抑制政策**であって，デフレ対策ではない。したがって，平成不況期に登場したインフレ・ターゲットの議論は，インフレ抑制策をデフレ期に実施することを求める経済学的な無知を示す例といえるのであり，第3章で示した「貨幣数量説」の誤った解釈でもある。

ここに示した経済政策の事例は，標準的な経済政策の論理展開とは異なる論理で主張されている。このことは，現実に議論され，実施され得る経済政策が必ずしも経済学的な論理からなされているとは限らないことを物語るものといえる。

【参考文献】
(1) Mankiw, N. Gregory, *Principles of Economics,* 2004.（足立英之・石川城太・小川英治・地主敏樹・中馬宏之・柳川隆訳『マンキュー経済学［第2版］Ⅱマクロ編』東洋経済新報社，2008年）
(2) Stiglitz, Joseph E., and Walsh, Carl E., *Economics,* 2002.（藪下史郎・秋山太郎・蟻川靖浩・大阿久博・木立力・清野一治・宮田亮訳『スティグリッツ入門経済学第3版』東洋経済新報社，2008年,『スティグリッツマクロ経済学第3版』東洋経済新報社，2007年）
(3) Stiglitz, Joseph E., *Economics of the Public Sector,* 2002.（藪下史郎訳『公共経済学』上・下東洋経済新報社，2003年，2004年）
(4) Samuelson, Paul A., *Economics* 10th edition, 1976.（都留重人監訳『経済学上・下［原書第10版］』岩波書店，1977年）
(5) 赤澤昭三『序説経済政策』税務経理協会，1996年
(6) 井堀利宏『経済政策』新世社，2003年
(7) 宮沢健一『現代経済学の考え方』岩波書店，1985年

（注）
ⅰ）日本の場合には，日本銀行がこれにあたる。

第6章　経済学の谷
――政府活動の限界――

≪いぬ時のコラム⑥≫

- いまから，<u>民主主義</u>ごっこを始めます。
- 賛成。
- 飼い主が2人。<u>犬が3匹。僕たちが勝つね。</u>（多数決）
- せっかくのチャンスなのに！
- 1日の食事を2回から4回に増やすことに賛成のひと？
- そんなに食べなくてもいいわ。
- ぼくも太るのはいやですよ。
- 民主主義は思ったようにいかないわね。（投票のパラドックス）

> 🐾 ≪キーワード≫　民主主義，多数決，投票のパラドックス
> 第2節で扱う。

第1節　民主主義と政治の失敗

　多くの先進諸国の経済は，市場の経済活動を基本としながら政府が公共的経済活動を行う混合経済体制であるといえる。そのような経済体制では，市場の経済活動では解決できない問題や市場の経済活動にはなじまない経済活動に関しては政府が行うものとされてきた。

　第4章で扱った市場の失敗や第5章で扱った経済政策の理論では，政府がどのようにして経済問題を解決するのか，あるいは経済問題解決のためにどのような政策手段を採用するのか，についてみてきた。さらに，そこでは経済問題解決のための経済政策の論理が示された。

　ところで，その際にわれわれは，政策主体である政府とはどのような存在であるのか，あるいは政府は経済問題を解決するために十分に機能することができるのか，といったことは問わないできた。言い換えるならば，政府には経済問題を解決するための能力が備わっていることを暗黙のうちに前提としてきた。事実，経済学においても，長年そのことは前提とされてきた。

　経済学者は，経済学者が提示した経済政策を政府や政治家はそのまま実行するもの，という前提に立ってきた。これを「**ハーヴェイ・ロードの前提**」[i]という。

　ところが，現実の政府官僚や政治家は，経済学者が示した経済政策を必ずしも実行に移すとは限らず，時には正反対の経済政策を実施するということが起こり得る。たとえ経済学的に正しいとされる経済政策でも，政府官僚や政治家にとって望ましくない政策とみなされれば，その経済政策は実行されないことになる。「ハーヴェイ・ロードの前提」が崩れているのである。

　そこで，多くの先進国で採用されている**民主主義**の政治システムや民主主義的な政府の活動を経済学の手法を使って分析しようという新たな経済学の動きが出てきた。経済学者**ジェームス・M・ブキャナン**（James M. Buchanan）や

政治学者**ゴードン・タロック**（Gordon Tullock）等によって展開されたこの学問分野は,「**公共選択**」(public choice) **あるいは**「**立憲的政治経済学**」(constitutionalpolitical economics) といわれる。そして，この学問的成果として，市場経済に「市場の失敗」があるように，政治の分野にも「**政治の失敗**」(political failure) という問題があることが明らかになった。

以下では，その内容についてみていく。

第2節　投票のパラドックス

多くの先進諸国で採用されている代議制民主主義の政治システムにおいては，第4章で述べた「市場の失敗」にあたる「政治の失敗」といえる問題が存在する。

多数決原理に基づく投票システムのもとでは，多数決による均衡が存在しないことが，フランスの哲学者**コンドルセ**（Marquis de Condorcet）によってすでに指摘されていた。

この問題を考えるために，次の例を参考にみていく。

個人Ⅰ，Ⅱ，Ⅲがいて，それぞれ政策の選択肢A，B，Cに関して以下のような選好順位をそれぞれ持っているものと仮定する。

【図表6−1】　政策の選好順位

政策＼個人	A	B	C
Ⅰ	1	2	3
Ⅱ	3	1	2
Ⅲ	2	3	1

個人Ⅰは，政策Cよりも政策Bを，政策Bよりも政策Aをより選好する。
個人Ⅱは，政策Aよりも政策Cを，政策Cよりも政策Bをより選好する。
個人Ⅲは，政策Bよりも政策Aを，政策Aよりも政策Cをより選好する。

二者択一の投票を行った場合，どのような結果が得られるであろうか。政策Aと政策Bの投票では，政策Aが過半数の支持を得る。なぜなら，政策Aは個人Ⅰと個人Ⅲによって支持されるからである。次に，政策Bと政策Cの投票では，政策Bが過半数の支持を得る。なぜなら，政策Bは個人Ⅰと個人Ⅱによって支持されるからである。この投票結果から，政策Aと政策Cの投票では，論理的には政策Aが支持されることが予想できる。

しかし，実際の政策Aと政策Cの投票では，政策Cが過半数の支持を得る。なぜなら，政策Cは個人Ⅱと個人Ⅲによって支持されるからである。

このように，二者択一の多数決原理の下では，論理的な整合性を満たすことはできずに，社会的な決定を行うことができないという状況が起こる。これを**「投票のパラドックス」**（voting paradox）という。

ところで，代議制民主主義の政治システムの下では，社会構成員全員の意思を反映するような仕組みは存在するのであろうか。**ケネス・アロー**（Kenneth Arrow）は，理想的な投票システムとして，以下のような特性を持つことが望ましいと考えた。

① 推 移 性
　　もし，AがBよりも選好され，BがCよりも選好されるならば，AはCよりも選好される。

② 一 致 性
　　もし全員がBよりもAを選好するならば，社会もBよりAを選好する。

③ 無関係な選択肢からの独立性
　　選択肢AとBの順位付けは，第3の選択肢Cには影響されないで，独立である。

④ 非 独 裁
　　特定の個人の選好が社会的決定となるような独裁は存在しない。

しかし，アローはこれらの特性を満たすような投票システムは存在しないことを数学的に証明した。これをアローの「**一般不可能性定理**」（Arrow's impossibility theorem）という。

第3節　中位投票者定理

アローの「一般不可能性定理」にもかかわらず，実際に多数決原理による投票が行われ，政策選択の中で社会的決定がなされている。多数決原理に基づく投票のもとでは，投票者の選好が**単峰型**（【図表6－2】）であるならば，**中位投票者**が好む選択肢が選択されるという結果を生む。これを「**中位投票者定理**」（median voter theorem）という。中位投票者とは，投票者の選好順位の中でちょうど真ん中の選好をもつ投票者のことである。

この「中位投票者定理」を具体的にみていく。

【図表6－3】では，縦軸にそれぞれの政党の政策を選好する投票者数を，横軸に政党の政策選択肢（AからE）が示されている。

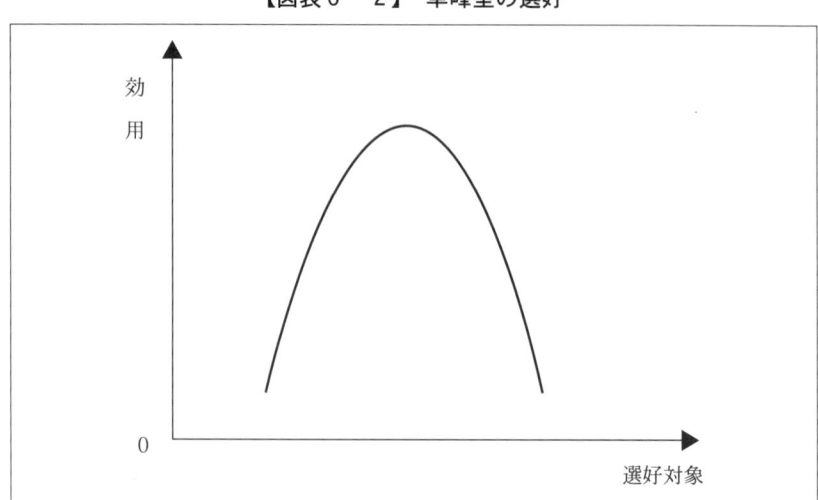

【図表6－2】　単峰型の選好

第6章 経済学の谷

【図表6－3】中位投票者定理①

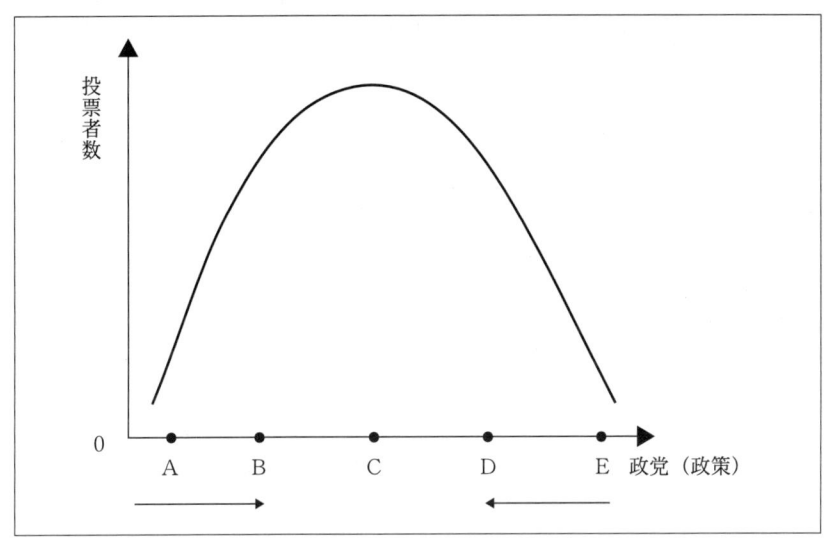

この場合，投票者の選好は**単峰型**であり，中位投票者の選好は政党Cの打ち出した政策である。左端の政党Aの政策はこのままでは多くの投票者の支持を得ることは難しく，政策の実施は困難である。同様に，右端の政党Eの政策も

【図表6－4】 中位投票者定理②

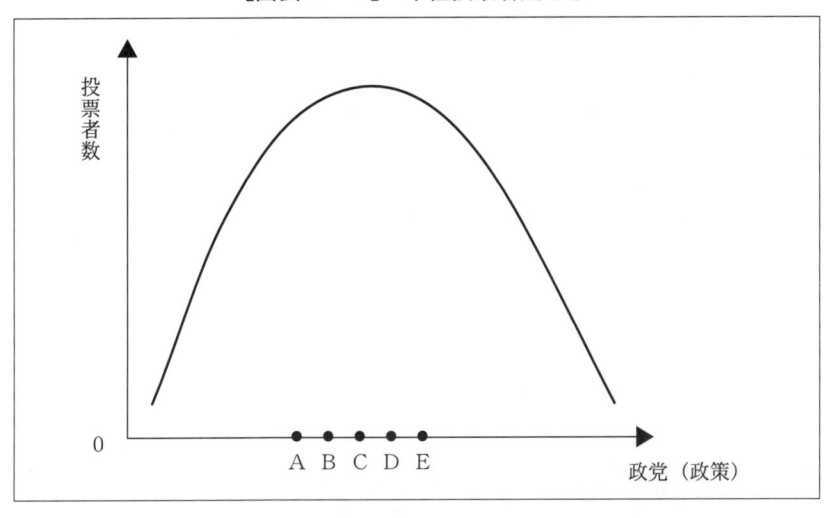

117

多くの投票者の支持を得ることは難しく，政策の実施は困難である。

そこで，政党Aも政党Eも自らの政党の支持を得るためには，投票者の多く分布する方向（中央）への政策の修正が求められる。政党Aは政党Bにより近い政策を，また政党Eは政党Dにより近い政策を打ち出すことで多くの投票者の支持を集めようとする。このため，政党Bと政党Dはそれぞれより多くの支持を得るために，また政党Aと政党Eとの違いを強調するために，それぞれの政党は政党Cにより近い政策を打ち出して，投票者の支持を得ようとする。

このようなプロセスを繰り返すことで，多くの投票者から支持される政策は政党Cの打ち出した政策に近いものとなる。この結果，中位投票者の政策選好に落ちつくことになる（【図表6－4】）。

このことは，政党における政策の違いが投票システムの過程で薄れていき，政策が収斂する傾向があることを示している。

第4節　政治的景気循環

二大政党制の場合には，特に，中位投票者の支持を得るために多くの点で政策的な共通性が現れる可能性が出てくることになる。このような場合には，どの政党が政権をとっても，同じような政策が行われる可能性が高くなる。このために，選挙のときだけ経済状況を改善しようとする政策が採用される。その結果，政治的な必要性から景気循環が引き起こされることになる。これを「**政治的景気循環**」(political business cycle) という。

この理論は，以下の3つの仮定に基づいている。

① 政策当局（与党）は，政権の維持のみに関心を持っている。
② 政策当局（与党）は，短期的には経済政策によって景気をある程度操作することができる。
③ 有権者は低い失業，高い経済成長，そして低いインフレという経済状況を選好する。

第6章 経済学の谷

　政権を担当している政党（政治家）は，**選挙前**には財政赤字を伴うとしても，公共投資を含む拡張的な財政政策と低金利政策を採用する。インフレへの懸念はあるものの，失業率を引き下げて，経済成長率を高めるような政策を採用する。そして，**選挙時**には好景気の状態を確保して，選挙での勝利を得ようとする。

　選挙直後は，財政金融政策の引締め政策に転じて，財政赤字を削減し，金利の引上げを行う。この政策転換が遅れると，次の選挙のときに景気が過熱して，引締め政策を実施しなければならなくなるからである。また次の選挙が近づくと，拡張的な財政政策と低金利政策によって，景気を刺激することになる。

　有権者は，投票の時点で景気がよく失業率が低い状態であれば，現在の政権政党に支持の投票をすると考えられる。そのため，ある選挙と次の選挙までとの間が，ひとつの景気循環の期間となる。選挙前では景気が回復して好景気となり，選挙後には景気は減速する。そしてまた，選挙前には景気回復がみられるという現象が繰り返されることになる。

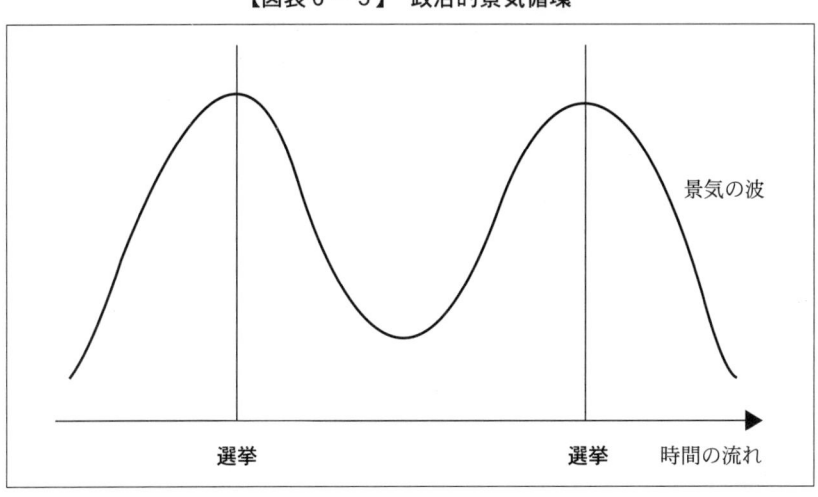

【図表6-5】　政治的景気循環

　この政治的景気循環は，アメリカの場合には4年ごとに大統領選挙があるため，1周期は4年のサイクルとみることができる。

ところで，景気回復策としての拡張的財政政策は有権者の支持を得やすいのに対して，公共支出の削減や増税を含む緊縮的な財政政策は有権者の支持を得にくい。このことから，財政収支に関していえば，多数決原理に基づく民主主義の投票システムのもとでは，財政は慢性的に赤字になる傾向があると考えられる。

第5節　レント・シーキング

政府はさまざまな規制によって経済に介入する。政府の規制的介入によって生じる**独占的な利益**（レント）を獲得するための行動を**レント・シーキング**（rent seeking）という。国内企業が生産する財の市場に対して，外国企業の参入を認めないような規制などがこの例である。

【図表6－6】　レント・シーキング

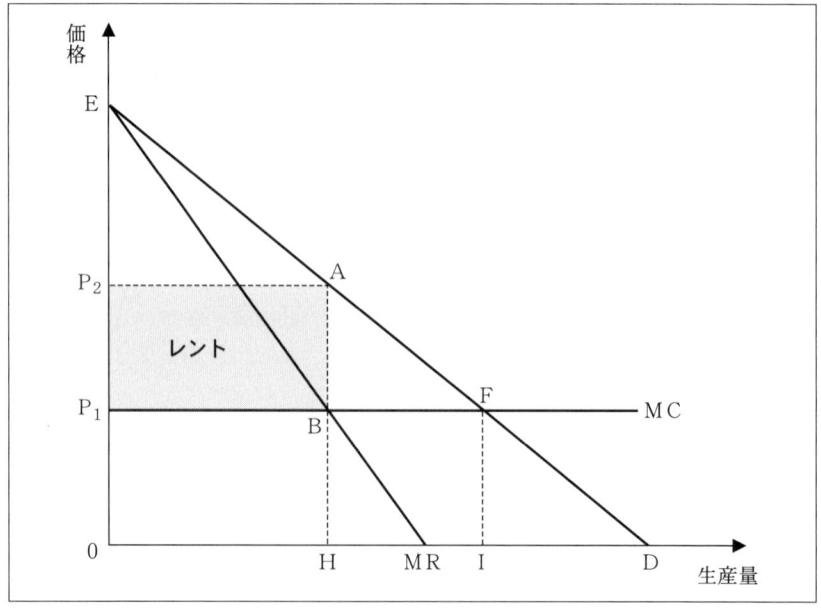

【図表6-6】は，ある財の市場が示されている。そこには，限界費用曲線MCと限界収入曲線MRと需要曲線EDが描かれている。この財市場においては，政府による規制は行われずに，自由な競争が確保されているとする。このとき，市場価格は限界収入MRと限界費用MCとが一致（MR＝MC）する点Bにおいて決まり，その価格はP_1である。価格がP_1のとき，**消費者余剰**は三角形P_1EFの部分である。

この財市場において，外国企業の参入禁止などの政府による規制的介入がなされ，市場価格はP_2に引き上げられる。このときの**消費者余剰**は三角形P_2EAの部分である。政府規制前の消費者余剰P_1EFに比べてP_1P_2AF部分だけ消費者余剰は減少したことになる。この消費者余剰の減少部分P_1P_2AFの中で，P_1P_2ABの部分は政府規制によって生じた**独占的利益（レント）**にあたる。残りの三角形ABFは消費者にも企業にも属さない政府規制によって生じた**社会的な純損失**である。

独占的利益を確保しようとする企業は，政府の規制的介入によって競争相手の企業を市場から排除して，独占的利益を得ようと行動する。このような行動は，社会的な損失を生むことになる。

第6節　公共部門のX非効率

政府などの公共部門においては，市場経済のような競争原理が働かない。そのために，公共部門での生産活動は民間企業にみられるような費用を最小化しようという誘因が働かず，怠惰や無駄な活動が常態化する。この結果，公共部門の活動には浪費が発生し，公共部門の活動は非効率になりがちである。このような公共部門の活動にみられる非効率は，**ハーヴェイ・ライベンスタイン**(Harvey Leibenstein) によって「**X非効率**」(X－inefficiency) と呼ばれた。

このようなX非効率の考え方は，公共部門の活動を市場経済活動に委ねることや公共部門に競争原理を導入しようとする試み（市場主義政策）の背景にある

考え方である。

【参考文献】

(1) Mankiw, N.Gregory, *Principles of Economics*, 2004.（足立英之・石川城太・小川英治・地主敏樹・中馬宏之・柳川隆訳『マンキュー経済学［第2版］Ⅰミクロ編』東洋経済新報社，2008年）
(2) Stiglitz, Joseph E., and Walsh, Carl E., *Economics*, 2002.（藪下史郎・秋山太郎・蟻川靖浩・大阿久博・木立力・清野一治・宮田亮訳『スティグリッツ入門経済学第3版』東洋経済新報社，2008年，『スティグリッツミクロ経済学第3版』東洋経済新報社，2007年）
(3) Stiglitz, Joseph E., *Economics of the Public Sector*, 2002.（藪下史郎訳『公共経済学』上・下東洋経済新報社，2003年，2004年）
(4) 加藤寛編『改訂版 入門公共選択－政治の経済学－』三嶺書房，1999年
(5) 加藤寛・浜田文雅編『公共経済学の基礎』有斐閣，1996年
(6) 井堀利宏『経済政策』新世社，2003年

（注）

ⅰ） ハーヴェイ・ロードとは，イギリスの経済学者Ｊ・Ｍ・ケインズが住んでいた通りの名前である。ケインズは経済エリートが示した政策は政府によって実行されるということを前提としていた，というジェームス・Ｍ・ブキャナン（James M.Buchanan）の指摘からこの名称がついた。

第7章　経済学の新しい眺め
──制度の経済学──

≪いぬ時のコラム⑦≫

お散歩のときは，洋服を着て出かけるのね。

服を着るのは苦手だけど，着ていくわ。

ぼくはマリナーズのユニフォームを着ていくよ。

「犬に服を着せるなんて」という人がいるけど，ケガをしないためよ。

昔と今とでは，犬の**生活習慣**が変わってきたんだね。

それを**制度変化**っていうのよ。

≪キーワード≫ 習慣，制度変化
第2節(2)で扱う。

第7章　経済学の新しい眺め

第1節　制度と経済学

　経済学の標準的な考え方によれば，経済学の中心は自由な競争的市場の条件とその機能の分析である。政府の公共的活動は市場機構の補完的役割を担うものとして位置づけられている（「市場の失敗」の事例など）。その意味では，第6章でみてきた公共選択による「政治の失敗」の議論は，経済学に新たな道を示したことになる。

　これと同様に，標準的な経済学が理論前提としてきた，あるいは所与として扱ってきた「**制度**」(institutions) を経済理論の中に取り入れて新たな理論の構築を目指す経済学がある。現在，この経済学は「**制度経済学**」(institutional economics) あるいは「**制度の経済学**」(economics of institutions) と呼ばれている。

　現在，制度経済学は以下の2つに大別できる。

　ひとつは「アメリカ固有の経済学」として19世紀後半から20世紀初頭にかけて成立した「**アメリカ制度主義経済学**」(American Institutional Economics；American Institutionalism) である。**ソースティン・ヴェブレン** (Thorstein Veblen) や**ジョン・R・コモンズ** (John R. Commons) 等によって確立され，第2次世界大戦後には**クラレンス・E・エアーズ** (Clarence E. Ayres) や**ジョン・K・ガルブレイス** (John K. Galbraith) などによって展開されて現在に至っている経済学であり，「**制度（主義）経済学**」(Institutional Economics；Economics of Institutionalism) という独自の名称を持つ経済学である。この「制度（主義）経済学」は，経済合理性などの新古典派的手法を拒否して，独自の「制度の経済理論」を展開する。19世紀末から20初頭にかけて成立したこの「制度（主義）経済学」の誕生から第2次世界大戦後の20～30年間は，「制度（主義）経済学」の名称はこの経済学をさす言葉として定着してきた。

　しかし，「**新しい制度経済学**」(New Institutional Economics：**略称NIE**) の

登場によって，その名称はこの「制度（主義）経済学」だけを表すものではなくなってきた。近年，この「制度（主義）経済学」は自らを「**アメリカ制度主義経済学**」(American Institutional Economics：略称ＡＩＥ) または「**オリジナル制度経済学**」(Original Institutional Economics：略称ＯＩＥ) と名乗るようになってきた。

　もう一方の制度経済学は，1970年代から1980年代以降に急速に発展してきた経済学であり，経済合理性などの新古典派的分析手法に基づきながら「新たな制度の経済理論」を展開することで，新古典派経済理論の修正を試みようとする経済学である。**ロナルド・コース** (Ronald Coase) や**ダグラス・ノース** (Douglass North)，そして**オリバー・ウィリアムソン** (Oliver Williamson) に加えて，第6章で扱ったジェームス・ブキャナンなどの経済学者がこの「**新しい制度経済学**」(ＮＩＥ) に属するとみなされている。この新しい制度経済学は，以下で示すように，ひとつの統一的な経済理論というよりも，さまざまな経済学分野を含む総称という意味合いが強い。

【図表7－1】　2つの制度経済学

アメリカ制度主義経済学 American Institutional Economics Original Institutional Economics	新しい制度経済学 New Institutional Economics
19世紀末から20世紀初頭に誕生 ソースティン・ヴェブレン ジョン・R・コモンズ クラレンス・E・エアーズ ジョン・K・ガルブレイス など	20世紀後半に誕生 ロナルド・コース ダグラス・ノース オリバー・ウィリアムソン ジェームス・ブキャナン など

第2節　アメリカ制度主義経済学(オリジナル制度経済学)

　アメリカ制度主義経済学者は，経済学の主流派で標準的な経済学である新古典派経済学に対して批判的態度を堅持してきた。それは，標準的な経済学（新古典派経済学）が前提としてきた経済人の仮定や経済合理性に基づく理論展開では，現実の経済を説明できないという信念に基づいている。さらに，アメリカ制度主義経済学者は，経済が拠って立つ諸制度と経済とは相互依存の関係にあり，相互に関連しているという認識を持っている。このため，彼らにとって，制度は経済分析において重要な要素としてみなされてきた。

(1)　アメリカ制度主義経済学の展開

　前述したように，アメリカ制度主義経済学は創始者T・ヴェブレンに始まり，J・R・コモンズやウェズレー・C・ミッチェル (Wesley C. Mitchell) によって確立し，その後J・K・ガルブレイスやC・E・エアーズといった戦後世代を経て現在に至っている。

　アメリカ制度主義経済学の発展の経緯は，【図表7－2】に示されている。アメリカ制度主義経済学の発展過程においては，創始者ヴェブレンから第2次世界大戦以前の世代を「**旧制度主義**」(Old-institutionalism) と呼ぶ一方，第2次世界大戦以後の世代を「**ネオ制度主義**」(Neo-institutionalism) と呼んで時代的な区別が行われている。そして，現在では多くのネオ制度主義経済学者たちの議論は，「**アメリカ進化経済学会**」(The Association for Evolutionary Economics；AFEE) および「**制度主義思想学会**」(The Association for Institutional Thought；AFIT) を中心にして組織的になされている。多くのネオ制度主義経済学者たちは，アメリカ進化経済学会 (AFEE) のメンバーであり，制度主義思想学会 (AFIT) のメンバーでもある。アメリカ進化経済学会 (AFEE) と制度主義思想学会 (AFIT) は緊密な関係を保っており，両者は「姉

【図表7－2】アメリカ制度主義経済学の展開

```
《旧制度主義  Old Institutionalism》
―19世紀末から20世紀前半―
┌─────────────────────────────────────────────────┐
│ ソースティン・ヴェブレン      ジョン・R・コモンズ      │
│ ウェズレー・C・ミッチェル                              │
└─────────────────────────────────────────────────┘
《ネオ制度主義  Neo Institutionalism》
―第2次世界大戦後―
ジョン・K・ガルブレイス        グンナー・ミュルダール
クラレンス・E・エアーズ        K・ウィリアム・カップ
┌─────────────────────────────────────────────────┐
│ アメリカ進化経済学会                                    │
│ （AFEE：1965年設立）         ┌──────────────────┐ │
│ クラレンス・エアーズ（初代会長）│ 制度主義思想学会   │ │
│ アラン・G・グルーチー         │（AFIT：1979年設立）│ │
│ ジョン・ギャムズ              │ マーク・トゥール（初代会長）│
│ ポール・ブッシュ              モーリス・コープランド    │
│ ジョン・アダムス              ウォーレン・J・サミュエルズ│
│ フィリップ・クライン          ファグ・J・フォスター    │
│ ハリー・M・トレビング         ウェンデル・ゴードン      │
│ リック・ティルマン            F・グレゴリー・ヘイドゥン │
│                              デイビット・ハミルトン    │
│ ┌─────────────────────────────────────────────┐ │
│ │ ラディカル制度主義  Radical Institutionalism   │ │
│ │ ジェームス・R・スタンフィールド  ロン・フィリップス │ │
│ │ ウィリアム・M・ダッガー  ウィリアム・T・ウォラー, Jr.│ │
│ │ ダグラス・ブラウン                              │ │
│ └─────────────────────────────────────────────┘ │
└─────────────────────────────────────────────────┘
```

妹関係にある組織」であり,「アメリカ制度主義者の学会」としての地位を確立している。

　また，1997年および1998年にそれぞれ「アメリカ進化経済学会」会長に就任した**ウィリアム・M・ダッガー**（William M. Dugger）と**ジェームス・R・スタンフィールド**（James R. Stanfield）に代表される一群のアメリカ制度主義経済学者たちは，ラディカル派経済学者たちとの連携をはかりながら，ヴェブレン以来のアメリカ制度主義経済学の伝統を強調し，コースなどの新古典派的手法を採用する新しい制度経済学（ＮＩＥ）との違いを強調する。彼らは1989年以降

「**ラディカル制度主義**」(Radical Institutionalism) という名称を使用するようになってきた。

(2) アメリカ制度主義経済学の理論内容

アメリカ制度主義経済学の理論展開の特徴は，**経済的事実の記述とその分析的研究**にある。モデルの構築によってそこから推論をするのではなく，**経験的な経済的事実を記述**し，その中から**類型的な特徴**を浮き彫りにする形で理論の展開がなされる。その意味では，個々のアメリカ制度主義経済学者の理論それ自体に独自性がみられる。

① 制度進化と本能の経済学－ヴェブレン－

ヴェブレンは，「社会構造の進化は，諸制度の自然淘汰の過程であった」とし，チャールズ・ダーウィン（Charles Darwin）の**進化思想**にたって経済学（近代科学）を再構築しようとした。ヴェブレンは経済の変化を**累積的・連続的な変化の過程**として捉えるだけでなく，その変化が**無目的的**であることを強調した。さらに，ヴェブレンは人間行動を規定するものとして，**本能** (instinct) と**制度** (institution) を強調した。

ヴェブレンは，制度を「**個人や社会の特定の関係や特定の機能に関する支配的な思考習慣**」として捉えた。

ヴェブレンによれば，制度は2つに分類できる。ひとつは**略奪**の制度であり，もうひとつは**生産**の制度である。そして，前者は**企業** (business) に関連し，後者は**産業** (industry) に関連する。またこの2つの制度は製作本能と略奪本能という2つの本能概念と結びつく。**製作本能**は社会全体の福祉の増進に役立つものであり，浪費や無駄を嫌い，生産の効率化を指向する本能であり，その反映が産業である。これに対して，**略奪本能**は直接的には社会全体の福祉の向上に役立つことはなく，獲得や見栄などを指向する野蛮な本能であり，その反映が企業である。

ヴェブレンの資本主義観は，この企業による産業の支配体制と位置付けられる。そこでは，産業と企業との対立が顕在化しており，産業の担い手である技

術者と企業の担い手である企業家との対立は避けられないものとヴェブレンは考えた。そしてヴェブレンは，**技術者による社会革命**を経て，社会主義体制への移行を期待するに至る。

ところで，このようなヴェブレンの議論は，その後の経済政策プロセスや政策運営にどのように関わっていただろうか。実際に，その内容を明示的な形で確認することはできないが，ヴェブレンの『企業の理論』(*The Theory of Business Industry*) や『不在者所有』(*Absentee Ownership*) は，1933年の有価証券法 (Securities Exchange Act)，1934年の証券取引法 (Securities Act)，1935年の公益事業持株会社法 (Public Utility Holding Company Act)，1940年の投資会社法 (Investment Company Act) に影響を与えているといわれている。

② 制度と法の経済学－コモンズ－

コモンズは，アメリカにおけるドイツ歴史学派の経済学者で，アメリカ経済学会創設者のひとり**リチャード・イリー** (Richard Ely) の影響を強く受けており，彼の活動は経済学研究にとどまらず，実践的な社会改革に向けられた。

特に，後述するように，**ニュー・ディール期の社会改革**は彼と彼の弟子たちの立案によるところが大きい。

コモンズは，制度を「**個人行動を統制する集団行動**」あるいは「個人行動を統制し，解放し，拡大する集団行動」として捉えた。コモンズは経済学研究の究極単位を「**取引**」(transaction) に求めた。

コモンズは所有権の移転として規定された取引を3つのタイプに分類している。第1の取引は「**売買取引**」(bargaining transaction) である。この「売買取引」は，法制度上平等な諸個人間の自発的な合意によって富の所有権を移転することであり，有形資産や無形資産の所有権の移転についての市場取引である。第2の取引は「**管理取引**」(managerial transaction) である。この「管理取引」は，法制度上優位に立つ者の命令に従って，その劣位にある者が富を創造することであり，労働者の採用・解雇・服従に関する取引である。第3の取引は「**割当取引**」(rationing transaction) である。この「割当取引」は，法制度上優位に立つ者の指令によって富の創造の負担と利益を割り当てることであり，

第7章 経済学の新しい眺め

政策決定者による課税などがこれにあたる。

コモンズは，これら3つの種類の取引を相互依存の関係にあるものと捉え，その総体を「**ゴーイング・コンサーン**」(going concern) と名付けた。この「ゴーイング・コンサーン」を一定の規則に従って運営していくことが，コモンズのいう制度であった。ここでの一定の規則とは，社会慣習であり，広く法体系全般を指すものである。コモンズは最高裁判所の判決をもって，社会慣習の判断基準とみなした。

コモンズは法律の概念を重視しているわけであるが，それは従来の経済学の概念よりも日常的な業務の理解にとって，より有用であるという彼の判断によるものであった。コモンズにとって**集団行動**を扱う経済学は制度経済学であり，また「**法経済学**」(legal economics) であった。

ところで，コモンズはこのような経済学研究の傍ら，社会改革運動への参加や社会改革のための実践的活動を積極的に行った。

コモンズが関わったウィスコンシン州の社会立法の具体例として，1905年の公務員法（civil service law），都市間鉄道・ガス・水道・電力へと規制範囲を拡大した1907年の公益事業法，1911年の労使関係委員会法，同年の労働者補償法（Workmen's Compensation Act）がある。また，1932年のアメリカ合衆国初の**失業保険法**と1935年の**連邦社会保障法**およびそれに関連する多くの社会立法はコモンズの手によるものである。

③ 儀式と技術の二分法経済学－エアーズ－

エアーズは経済活動を人間行動の一部として捉え，社会的・文化的活動の一部であると見なす。経済活動をその一部として含むところの人間行動は，すべて社会的に組織されており，文化現象である。エアーズはこのような観点に立ち，人間行動を「**儀式的行動**」(ceremonial behavior) と「**技術的行動**」(technological behavior) との2つの性格からなるものとみている。

エアーズによれば，**儀式的行動**とは，迷信的な宗教や伝説に基づく儀式・祭礼，社会慣習，身分制度などを含んでいる。他方，**技術的行動**とは，道具の使用と道具の組み合わせであり，また発明や発見などである。また，儀式的行動

（制度）は，保守的で静態的であり，過去に依存するものである。そして，それは進歩や変化に対して抵抗する傾向を持つ。これに対して技術的行動は進歩的であり，発展的である。また変化を指向するものでもある。

　エアーズは，**人類の歴史はこの技術のダイナミックな力と変化に抵抗する儀式のスタティックな力との果てしない対立の歴史である**，とみている。

　エアーズは，近年の急速な科学・技術の発展に関して，ヴェブレンが指摘した製作本能あるいは思いつきの好奇心（idle curiosity）が広まったことに見出すべきではない，として本能論による説明を拒否する。

　一方，儀式は過去の伝説の再現であり，伝説はしきたりを合理化し，しきたりは身分に適合した行動を規定する。その意味で，あらゆる制度化のプロセスは，過去を向いているのであり，変化に対して抵抗する傾向を持つ。ここに，発明や発見が起こる余地があるとエアーズはみている。すなわち，儀式による支配・説明・説得がなされていることそれ自体が，技術的発展の要素（技術による解明の余地）を含んでいるのである。発明や発見といった技術的発展が，それまでの人間生活の物質的環境を変化させることによって，制度的な変化を促進するのである。ここで，エアーズにとっての儀式とは，ヴェブレンの制度と同じ意味を持っている。

　発明や発見およびそれに結び付いた技術的発展は，過去の残存物である儀式や制度の変更をもたらす。その儀式や制度の変化（制度化のプロセス）それ自体は，新たな技術的条件に適応した形で変化する。それが，**制度的調整**（institutional adjustment）である。しかし，その制度化のプロセスは，儀式や制度の表面的な，あるいは部分的な変化であって，その本質である「**超自然主義的な感情的条件付け**」（emotional conditioning）」を否定し，それを変化させるものではない。この「超自然主義的な感情的条件付け」とは，社会全体の多くの人々が神のような超自然的なものを信じ，自らの意思をそれにゆだねることであり，儀式・制度化のプロセスの本質である。発明や発見といった技術的発展は，その技術的な発展に適応した個別の儀式・制度の変化をもたらすが，それはあくまでも部分的で表面的な儀式・制度の変化であり，儀式・制度化のプロ

セスの本質は変わらないまま残存する。

このようなエアーズの議論は，古代から現代までの人類の歴史を儀式（制度）と技術という相反する2つの人間行動分析によって解明を試みたものである。

④　二重構造経済と権力分析―ガルブレイス―

ガルブレイスは，現代の資本主義経済システムを少数の巨大企業によって形成される「**計画化システム**」(planning system) と無数の中小企業の企業家的・競争的企業からなる「**市場システム**」(market system) との**二重構造経済**として捉えている。政府（国家）と大衆消費者は，これらの企業と関係を保ちながら活動を行っている。ガルブレイスの現代資本主義経済分析におけるひとつの特徴は，企業分野を計画化システムと市場システムに分け，区別している点にある。

計画化システムと市場システムの権力関係において，計画化システムは市場システムを支配し従属させている。また，計画化システム内部では，「**テクノストラクチュア**」(technostructure) と呼ばれる専門的な経営者・技術者集団が企業内の意思決定権を掌握している。

さらに，計画化システムと大衆消費者の関係では，計画化システムはテレビなどのマス・メディアを利用することによって消費者の個別需要を管理し，操作する。消費者の行動は消費者自身の意思決定からではなく，計画化システムの広告や宣伝などの影響下にあるというガルブレイスの主張は，消費に関する権力がもはや消費者の手にはなく，計画化システム（テクノストラクチュア）の手にあることを意味する。消費が生産の側に依存するという「**依存効果**」(dependence effect) が現れている。

最後に，計画化システムのテクノストラクチュアは，政府官僚組織との間に緊密な協力関係を結んでいる。このような緊密な協力関係のことを，ガルブレイスは「**官僚制的癒着**」(bureaucratic symbiosis) と名付けている。

もちろん，ガルブレイスは計画化システムに権力が集中する経済は望ましいものではないと考える。計画化システムに権力が集中する経済体制を改革するために，第1に計画化システムの目的が公共目的にも奉仕するという信条から

一般の市民が解放されること(**信条の解放**)、第2にこれまで「**つごうのよい社会的美徳**」(convenient social virtue) として家事労働に従事させられてきた女性を家事労働から解放し、女性に雇用の機会を与えること(**女性の解放**)、そして第3に計画化システムおよびテクノストラクチュアと「官僚制的癒着」の関係にある国家を公共目的のために活動する国家にすること(**国家の解放**)、が必要であるとガルブレイスは主張する。

さらに、ガルブレイスは税制や法的措置を用いて市場システムを強化し、また消費者団体の組織化や労働組合の強化によって計画化システムへの**対抗力**の形成と強化策を提案する。また、医療・住宅・学校の公有制という**新しい社会主義**の政策をも提案する。

このように、アメリカ制度主義経済学者たちは経済の具体的かつ経験的事実に着目して理論を構築するとともに、そこで生じる問題に対する政策的対応を行っているといえる。

(3) アメリカ制度主義経済学の特徴

アメリカ制度主義経済学者たちは、新しい制度経済学（NIE）がアメリカ制度主義経済学を無視しており、「いっそう現実的で、洗練された新古典主義」（ダッガー）であると批判する。この両者は、お互いの研究手法においても全く異なる特徴を持っている。

ここでは、アメリカ制度主義経済学の特徴を、①**制度の概念**、②**経済学の方法**、③**人間観**の順にみていく。

① 制度の概念

はじめに、アメリカ制度主義経済学は、制度をどのように捉えているのかを確認する。創設者ヴェブレンにさかのぼって制度概念をみていくと、「制度とは、実質的にいえば、個人や社会の特定の関係や特定の機能に関する広く行きわたった思考習慣なので」[ⅰ)]あり、長年いく世代にもわたって受け継がれてきた社会慣習・社会規範・価値観などである。また、ヴェブレンと同様に、初期の制度主義経済学者のひとりコモンズにとって、制度とは「個人行動をコント

ロールする集団行動」であり，ゴーイング・コンサーンの運営に関わるものである。それは，社会慣習や法体系全般を意味するものである。このような制度の捉え方は，ガルブレイスにおいては「つごうのよい社会的美徳」(convenient social virtue) などの社会通念として表現され，クラレンス・E・エアーズ (Clarence E. Ayres) においては「儀式的行動」(ceremonial behavior) として規定されたものである。アメリカ制度主義者にとって，制度とは歴史と伝統の上に構築され，その変更は容易ではなく，個人の行動を制約・規定するものである。

② 経済学の方法

アメリカ制度主義経済学の方法論は，「**方法論的全体論**」(methodological holism) の立場である。すでに第1章でも説明したように，アメリカ制度主義経済学は経済活動を人間行動全般の一部として捉え，経済活動とその他の社会・文化活動などの相互関係に着目する。また，経済システムは個々の部分からなる単なる集合体として見るのではなく，あらかじめまとまりをもった統一体として捉えようとする。したがって，このような観点からアメリカ制度主義経済学は，「**全体論的経済学**」(Holistic Economics) とも呼ばれる。

③ 人 間 観

先にアメリカ制度主義経済学は，経済人（ホモ・エコノミカス）の仮定を否定すると述べた。アメリカ制度主義経済学は，人間を「**文化の産物**」(product of culture) あるいは「**制度的人間**」(institutional man) として捉える。

ヴェブレンやコモンズにとって，人間はその時代時代の歴史と文化がつくり出したものであり，文化そのものである。また，人間の行動は本人が意識するか，しないかに関わらず，制度的な制約の中で行われている。したがって，制度から独立した人間は存在し得ないという意味で，人間は制度的な存在である。

アメリカ制度主義経済学の人間に対する考察は，制度や文化を抜きに考えることはできない。アメリカ制度主義経済学における人間は，社会的・文化的・制度的全体として捉えられるべきものであり，この点はアメリカ制度主義経済学の制度論や制度と人間の関わりを考えるうえで特に重要な点といえる。

第3節　新しい制度経済学

　新しい制度経済学（以下，新制度経済学）は，新古典派の伝統的な手法に立脚しながら，新たな「制度の経済理論」の構築を模索する経済学の総称である。それは，制度に関わるさまざまな経済学諸分野を含むものとなっている。一般には，【図表7－3】に示した経済学諸分野が，新制度経済学の範疇に属する経済学分野と見なされている。

　新制度経済学者たちは，コースやノースらを中心にして1997年に「**新制度経**

【図表7－3】　新制度経済学の諸分野

経　済　学　分　野	代表的研究者	
1．**取引費用経済学** 　　(transaction cost economics)	コース ノース	ウィリアムソン メナード
2．**法と経済学** 　　(law and economics)	ポズナー クーター	コース マーキュロ
3．**公 共 選 択** 　　(public choice)	ブキャナン タロック	ミューラー ローリー
4．**組織の経済学** 　　(economics of organization)	ウィリアムソン ミルグロム	ラングローイ ライベンスタイン
5．**進化経済学** 　　(evolutionary economics)	シュンペーター ウィット	ハイエク ヴェブレン
6．**経　済　史** 　　(economic history)	ノース トマス	オルソン
7．**所有権の経済分析** 　　(economic analysis of property rights)	ペジョヴィッチ アルチャン	ブキャナン
8．**比較制度分析** 　　(comparative institutional analysis)	青木昌彦　トリソン	

済学国際学会」(The International Society for New Institutional Economics; ISNIE) が設立された。初代会長にはコースが就任し，活発な学問的交流が行われている。

これらの新制度経済学の諸分野は相互に密接な関連性を持っており，独立した経済学分野というよりは，それぞれ重点の置き方の違いによる緩やかな分類といってよい。

(1) 新制度経済学の諸分野

ここでは，新制度経済学の諸分野の中から，**①取引費用と所有権の経済学，②公共選択**，そして**③数量的経済史**についてみていく。

① 取引費用と所有権の経済学

この分野はコースの2つの先駆的論文「企業の本質」(The Nature of the Firm, 1937) および「社会的費用の問題」(The Problem of Social Cost, 1960) から発展した分野である。コースはあらゆる種類の**取引費用**を本来的なものであり，広範囲に及ぶものと考えるように促した。そのため，新制度経済学者にとって，完全市場と不完全市場とを区別する理由はなく，むしろ焦点となるのは交渉と交換の問題であり，それゆえ契約の重要性が中心となり，契約の締結と契約過程の分析が重要な役割を持つことになる。

ここではまた，所有権を測定し，強制する費用に関心が向けられ，それは経済構造の多様性を検討する際に，重要な役割を持つ。さらに，取引費用が存在することは，その取引費用を回避するための，**制度**を生むことになる。新制度主義者によって，企業，組織，国家，法などの制度の発生と進化のプロセスが探求される。

② 政治経済学としての公共選択

この分野は，すでに第6章において詳しく述べてきた分野である。経済成長や経済発展にとって**政治システム**が重要であることを認識することは，政治と規制の実証理論を求めることになる。政治システムがどのように進化してきたか，またさまざまな政治および経済行為者が異なる政治構造によってもたらさ

れる誘因にどのように反応したか，に関心が向けられる。政府は，伝統的な新古典派モデルで想定されるような全知全能の博愛的な専制君主または計画者ではなく，さまざまな選挙民からの内部の圧力に影響される制度と組織の結合である。**非市場的意思決定分析**として，政治家，選挙民，政党，政策，政府，レント・シーキング行動などの分析が行われている。また，この分野の新制度主義者は，政治システムの進化および経済発展と政治システムの進化との関係に関心を向けている。さらに，この分野の一部の研究者は，立憲段階での合意形成とルールの意味を探る**立憲的政治経済学** (constitutional political economy) へと研究の幅を拡大している。

③ 数量的経済史

新制度経済学は，政治学や法学や経営学などの多くの学問分野で，重要な地位を占めつつある。その中でも，特に経済史の分野で注目されている。中期または長期の経済成長を考える場合に，制度を一定のものとして考えることは困難である。新制度経済学の歴史研究は，構造，制度，および時間の複雑な役割により多くの注意を向けるようになっている。ノースの研究は，長期の制度変化を探求するひとつの重要な成果である。ノースによれば，制度は「社会におけるゲームのルール」であり，制度の主要な役割は社会構成員相互の安定した関係を確立することによって不確実性を減少させることにある。制度変化の要因は相対価格の変化と選好・嗜好の変化であり，その変化は漸進的なプロセスである。経済社会間の経済発展の違いを決定する要因は「**経路依存**」(path dependence) であり，制度変化の経路を決定付けるものは収穫逓増と巨額の取引費用を要する不完全市場である。新制度経済学の歴史家は，歴史的事象を「制度の経済理論」によって説明しようとしている。

(2) 新制度経済学の特徴

ここでは，新制度経済学の特徴を，①**制度の概念**，②**経済学の方法**，③**人間観**の順にみていく。

第7章　経済学の新しい眺め

① 制度の概念

　新制度経済学もアメリカ制度主義経済学と同様に，その分析の主眼を「制度」においている。その意味では，両者に分析対象の共通性がある。両者がともに「制度経済学」(institutional economics) を名乗っているのはこのためである。

　しかし，両者の制度概念には大きな違いがある。

　新制度主義経済学者のひとりノースによれば，制度とは「社会におけるゲームのルール」である。それは，個人行動を制約するためにつくられたルール，法，行動規範などである。また，市場や企業も制度として捉えられ，個人の極大化行動実現のために組織されたものと見なされる。また，新制度主義においては，極大化という目的の実現のためには**「制度選択」**が容易に行われると考えられている。

② 経済学の方法

　新制度経済学は，新古典派経済学と同様に**「方法論的個人主義」**(methodological individualism) の立場をとる。

　新制度経済学にとっての経済分析の究極単位は個人であり，個人行動の分析とそこで得られた推論から経済活動全般や制度の説明が行われる。したがって，新制度経済学における制度分析は，個人から出発することによって制度の機能と役割についての説明がなされる。このような方法論的個人主義に基づく分析は，いっそうの形式化を促進することになる。

③ 人　間　観

　新制度経済学における人間は，新古典学派の伝統の中にある。すなわち，新古典学派と同様に，新制度経済学にとっての人間は，合理的に物事を判断し的確な選択的行動をとる人間である。この場合，合理的な選択的行動をとる人間（個人）は，自己の利益（効用）を極大化することを目的としているのである。すなわち，新制度経済学においては**「経済人」(ホモ・エコノミカス)** が生き続けているといえる。したがって，新制度経済学は新古典学派と同様に，最大化行動仮説を採用する。そのため，新制度経済学は人間を**「合理的な選択者」**(rational chooser) として捉えている。

この新制度経済学の諸分野は，今日それぞれ飛躍的な発展を遂げており，新制度経済学という包括的な扱いは難しい状況となっている。

【参考文献】

(1) Coase, Ronald, *The Firm, the Market, and the Law,* 1988.（宮沢健一・後藤晃・藤垣芳文訳『企業・市場・法』東洋経済新報社，1992年）
(2) Drobak, J. N. and Nye, J. V. C., eds., *The Frontiers of the New Institutional Economics,* Academic Press. 1997.
(3) Dugger, W. M., *Underground Economics: A Decade of Institutionalist Dissent,* M. E. Sharpe., 1992.
(4) Dugger, W. M "Douglass C. North's New Institutionalism", *The Journal of Economic Issues,* Vol. 29, No. 2., 1995.
(5) Eggertsson, T., *Economic Behavior and Institutions,* Cambridge University Press., 1990.（竹下公規訳『制度の経済学－制度と経済行動－』上・下　晃洋書房，1996年）
(6) Hodgson, G. M., Samuels, W. J., and Tool, M., eds., *The Elgar Companion to Institutional and Evolutionary Economics,* Vols. 2, Edward Elgar., 1994.
(7) Langlois, R. N. ed., *Economics as a Process: Essays in the New Institutional Economics,* Cambridge University Press, 1986
(8) Menard, C., ed, *Institutions, Contracts and Organizations : Perspectives from New Institutional Economics,* Edward Elgar, 2000.
(9) North, D. C., *Institutions, Institutional Change and Economic Performance,* Cambridge University Press, 1990.（竹下公規訳『制度・制度変化・経済成果』晃洋書房，1994年）
(10) Rutherford, M., *Institutions in Economics: The Old and The New Institutionalism,* Cambridge University Press, 1994.
(11) Yeager, Timothy J., *Institutions, Transition Economies, and Economic Development,* Westview Press, 1999.（青山繁訳『新制度派経済学入門－制度・移行経済・経済開発－』東洋経済新報社，2001年）
(12) 赤澤昭三他『制度経済学の基礎』八千代出版，1998年
(13) 赤澤昭三他『制度の進化と選択』八千代出版，2002年
(14) 宮澤健一『制度と情報の経済学』有斐閣，1988年
(15) 髙橋真『制度主義の経済学－ホリスティック・パラダイムの世界へ－』税務経理協会，2002年

（注）

ⅰ） Thorstein Veblen, *The Theory of the Leisure Class,* 1889., 1975.（高哲男訳『有閑階級の理論』筑摩書房，1998年）pp. 214－215.

事 項 索 引

〔あ行〕

新しい社会主義 ……………………134
新しい制度経済学 …………125, 126, 136
アメリカ進化経済学会 ……………127
アメリカ制度主義経済学………16, 125, 127
依存効果……………………………39, 133
インフレーション…………………56
インフレ・ギャップ ………………104
インフレ・ターゲット ……………108
ヴェブレン効果……………………39
売りオペ……………………………100
X非効率……………………………121
エンゲル係数………………………38
オリジナル制度経済学 ……………126

〔か行〕

買いオペ……………………………100
介護保険制度………………………102
外部経済……………………………79
外部効果……………………………79
外部不経済…………………………80
価格受容者…………………………23
駆け足のインフレーション(ギャロッ
　ピング・インフレーション)………57
家計…………………………………30
寡占市場……………………………73, 75
価値判断……………………………12, 94
貨幣数量説…………………………60
可変費用……………………………42
ガリバー型寡占……………………76
カルテル……………………………76
為替相場制度の変更 ………………101
間接税………………………………98
完全競争市場………………………23
完全情報……………………………23

管理取引……………………………130
官僚制的癒着………………………133
機会費用……………………………5
企業…………………………………40, 129
儀式的行動…………………………131
儀式と技術の二分法経済学 ………131
技術的行動…………………………131
キチンの波…………………………55
ギッフェン財………………………38
規範的方法…………………………12
旧制度主義…………………………127
供給曲線……………………………24, 48
均衡価格……………………………27
均衡数量……………………………27
均衡点………………………………27
金融インフレーション……………60
金融緩和……………………………100
金融政策……………………………99
金融引締め…………………………100
金利政策……………………………99
クズネッツの波……………………56
計画化システム……………………133
景気循環……………………………54
経済…………………………………6
経済安定化政策……………………103
経済学………………………………7
経済学の第2の危機………………66
経済人………………………………9, 139
経済政策……………………………93
経済政策の手段……………………97
経済政策論…………………………14, 93
経済成長率…………………………54
経世済民……………………………6
経路依存……………………………138
ケインズ経済学……………………16, 103
ケインズ的失業……………………63

141

限界効用	31
限界効用均等の法則	34
限界効用逓減の法則	31
限界収入	34, 44, 74
限界消費性向	30
限界生産力	40
限界生産力逓減の法則	40
限界損失	34
限界貯蓄性向	30
限界費用	42
顕示的消費	39
ゴーイング・コンサーン	131
公益事業	85
公開市場操作(オープン・マーケット・オペレーション)	100
公共財	83
公共選択	17, 114
コースの定理	82
構造的失業	62
効用	31
合理的な選択者	139
国内総生産(GDP)	53
国民所得(NI)	54
国民所得決定の理論	67
国民所得の「三面等価の原則」	54
国民総生産(GNP)	53
国家の解放	134
固定費用	42
古典学派	15
古典派的失業	62
雇用保険制度	106
雇用・利子および貨幣の一般理論	16
混合経済	95
コンテスタブル・マーケットの理論	87
コンドラチェフの波	56

〔さ行〕

サービス	9
財	9
財政インフレーション	61
財政政策	97
裁量的財政政策	105
サプライ・サイド経済学	107
産業	129
時間的な遅れ(タイム・ラグ)	105
事実判断	12
市場	23
市場機構	26, 28
市場システム	133
市場主義政策	101
市場の失敗	73
失業	61
実証的方法	12
質的政策	101
私的財	83
自動安定装置(ビルトイン・スタビライザー)	106
地主	11
忍び足のインフレーション(クリーピング・インフレーション)	57
自発的失業	62
支払準備率操作	99
資本	11
資本家または株主	11
囚人のジレンマ	76
修正フィリップス曲線	65
ジュグラーの波	55
需要曲線	25
需要牽引型インフレーション(ディマンド・プル・インフレーション)	59
需要の価格弾力性	38
需要の所得弾力性	37
主流派経済学	16
準公共財	84
純粋公共財	84
消費者余剰	28
消費税	102
消費の非競合性	83

情報の非対称性 …………………………88
諸国民の富（国富論）………………………14
女性の解放 ………………………………134
新古典学派 …………………………………15
新古典派総合 ………………………………16
新自由主義…………………………………17
信条の解放 ………………………………134
新制度経済学国際学会 …………………136
数量的経済史 ……………………………138
数量的政策 ………………………………101
スタグフレーション………………………66
制限の取引慣行 ……………………………78
政策作成者…………………………………95
政策主体……………………………………95
製作本能 …………………………………129
政策目的相互の関係………………………97
生産者余剰…………………………………28
生産の三要素………………………………11
生産要素……………………………………11
政治経済学としての公共選択 …………137
政治的景気循環 …………………………118
政治の失敗 ………………………………114
正常財………………………………………37
制度経済学 ………………………………125
制度主義思想学会 ………………………127
制度進化と本能の経済学 ………………129
制度的調整 ………………………………132
制度的人間 ………………………………135
制度と法の経済学 ………………………130
制度の概念 …………………………134, 139
制度の変更（制度改革）…………………101
政府…………………………………………10
潜在的失業（偽装的失業）…………………62
全体論的経済学 …………………………135
操業停止点…………………………………47
総費用………………………………………41
租税政策……………………………………98
損益分岐点…………………………………46

〔た行〕

対抗力 ……………………………………134
代替財………………………………………38
ただ乗り……………………………………84
中位投票者定理 …………………………116
超インフレーション（ハイパー・インフレーション）…………………………57
直接税………………………………………98
賃金圧力インフレーション………………58
つごうのよい社会的美徳 ………………134
テクノストラクチュア …………………133
デフレーション……………………………61
デフレ・ギャップ ………………………105
デモンストレーション効果………………39
投票のパラドックス ……………………114
独占禁止政策………………………………78
独占市場……………………………………73
独占的利益（レント）……………………121
土地…………………………………………11
取引………………………………………130
取引費用……………………………………82
取引費用と所有権の経済学 ……………137

〔な行〕

二重構造経済と権力分析 ………………133
ネオ制度主義 ……………………………127

〔は行〕

ハーヴェイ・ロードの前提 ……………113
排除原則……………………………………83
排除不可能性………………………………83
売買取引…………………………………130
パレート最適………………………………27
比較生産費説………………………………14
ピグー課税…………………………………80
非市場的意思決定分析 …………………138
非自発的失業………………………………63
費用圧力型インフレーション（コスト・

プッシュ・インフレーション）……58
標準的な経済学……………………8
費用逓減型産業……………………85
フィッシャーの交換方程式………61
フィリップス曲線…………………65
不完全市場…………………………73
ふつうのインフレーション………57
プライス・リーダー………………76
文化の産物…………………………135
平均可変費用曲線…………………47
平均消費性向………………………30
平均費用……………………………42
方法論的個人主義…………13, 139
方法論的全体論……………13, 135
補完財………………………………38
ポリシー・ミックス………………102

〔ま行〕

埋没費用……………………………87
マクロ経済学………………………14
摩擦的失業…………………………62
ミクロ経済学………………………13

みせびらかしの消費………………39
民主主義……………………………113

〔や行〕

有効需要……………………………59
有効需要の原理……………………67
輸入インフレーション……………58

〔ら行〕

ラッファー・カーブ………………107
ラディカル制度主義………………128
利潤…………………………………41
立憲的政治経済学…………114, 138
略奪本能……………………………129
累進課税制度………………………106
劣等財………………………………37
レント・シーキング………………120
労働…………………………………11
労働者………………………………11

〔わ行〕

割当取引……………………………130

人名索引

〔あ行〕

アービング・フィッシャー……………61
アダム・スミス………………………14
アラン・G・グルーチー……………… 8
アルフレッド・マーシャル……………7, 15
ウィリアム・S・ジェヴォンズ………15
ウィリアム・M・ダッガー ………128
N・グレゴリー・マンキュー………… 8
オリバー・ウィリアムソン ……………126

〔か行〕

カール・メンガー………………………15
クラレンス・E・エアーズ ………125, 131
ケネス・アロー ………………………115
ゴードン・タロック ……………………114
コンドルセ ………………………………114

〔さ行〕

ジェームス・R・スタンフィールド …128
ジェームス・M・ブキャナン…17, 113, 126
ジェームス・デューゼンベリー…………39
ジェームス・ブキャナン ……………126
ジョージ・スティグラー………………82
ジョーン・ロビンソン…………………66

ジョセフ・E・スティグリッツ………… 7
ジョン・R・コモンズ………………16, 125, 130
ジョン・K・ガルブレイス 16, 39, 125, 133
ジョン・メイナード・ケインズ…………15
ソースティン・ヴェブレン 16, 39, 125, 129

〔た行〕

ダグラス・ノース ……………126, 138, 139
チャールズ・ダーウィン ………………129
デイビット・リカード…………………14
トーマス・R・マルサス………………14

〔は行〕

ハーヴェイ・ライベンスタイン ………121
フィリップス…………………………65
ポール・A・サミュエルソン…………7, 16

〔ま行〕

ミルトン・フリードマン………………17

〔ら行〕

リチャード・イリー ……………………130
レオン・ワルラス………………………15
ロナルド・コース……………82, 126, 137
ロバート・ソロー………………………65

著者紹介

髙橋　真（たかはし・しん）

昭和31年（1956年）宮城県に生まれる
現　在　尚絅学院大学総合人間科学部教授
　　　　経済学博士
　　　　専攻分野：制度主義経済学，経済政策論

【著　書】
　＜単著＞　『制度主義の経済学』税務経理協会
　＜共著＞　『制度の進化と選択』八千代出版
　　　　　　『制度経済学の基礎』八千代出版
　　　　　　『制度派経済学の展開』ミネルヴァ書房
　　　　　　『制度派経済学』ミネルヴァ書房
　＜訳書(共訳)＞
　　　　　　Ｊ・Ｍ・ブキャナン『コンスティテューショナル・エコノミックス』
　　　　　　有斐閣

著者との契約により検印省略

平成21年3月20日　初版第1刷発行 平成22年4月20日　初版第2刷発行 平成25年5月20日　初版第3刷発行 平成25年10月20日　初版第4刷発行 平成29年10月20日　初版第5刷発行	**経済学を歩く** ――いまを知るために――

　　　　著　者　　髙　橋　　　真
　　　　発行者　　大　坪　克　行
　　　　印刷所　　税経印刷株式会社
　　　　製本所　　株式会社　三森製本所

発行所　東京都新宿区　　株式　税務経理協会
　　　　下落合2丁目5番13号　会社
郵便番号　161-0033　振替　00190-2-187408
　　　　　　　　　　電話(03)3953-3301(編集部)
　　　　FAX(03)3565-3491　(03)3953-3325(営業部)
URL http://www.zeikei.co.jp/
乱丁・落丁の場合はお取替えいたします。

Ⓒ 髙橋　真 2009　　　　　　　　　Printed in Japan

本書の無断複写は著作権法上での例外を除き禁じられています。複写される場合は，そのつど事前に，(社)出版者著作権管理機構（電話 03-3513-6969，FAX 03-3513-6979, e-mail : info@jcopy.or.jp）の許諾を得てください。

JCOPY ＜(社)出版者著作権管理機構　委託出版物＞

ISBN978－4－419－05236－2　C1033